JN025791

IFAとは何者か

アドバイザーとプラットフォーマーのすべて

日本資産運用基盤グループ———大原 啓一
明治大学————————沼田 優子
フィンウェル研究所————野尻 哲史

一般社団法人金融財政事情研究会

はしがき

　「貯蓄から投資へ」、1990年代後半頃からスローガンとして定着していたこの言葉はやがて「投資」を「資産形成」に変えて2020年に至ります。

　この間に投資信託の銀行窓口販売の解禁（1998年）、保険の銀行窓口販売の解禁（2001年）、その後はリーマンショック（2008年）を経てNISAやiDeCoといった資産形成の制度が整いつつあります。

　そうしたなかで、金融商品販売のあり方が問われており、「顧客本位の業務運営」の担い手に対する責務がこれまで以上に重視されてきています。

　では、だれが担い手になるのか。その候補としてIFA（独立系ファイナンシャル・アドバイザー）が金融業界だけでなく顧客側からも注目されてきています。

　しかしながら、日本においてIFAの一貫した定義はなく、一般に独立した立場で営業活動を行う金融の専門家というイメージのみが先行している様相が否めません。つまり、IFAへの期待値が上がる一方で、その実情はあまり認知されていないように感じます。

　加えて、株式等の売買委託手数料の無料化や運用報酬の低下が進み、金融機関は既存のビジネスモデルでは、今後の成長戦略を描くことがむずかしく、これまでの証券・資産運用のビジネスを見直す必要があります。すでに資産運用アドバイスにおけるプラットフォーマーとして新たなビジネスモデルを模索する動きもあります。

　そこで、一翼を担うであろうIFAに対する期待も込めて、明確に「IFAとは何者か」という問いに答える目的で本書が執筆されました。

　副題に「アドバイザーとプラットフォーマーのすべて」とあるように、アドバイザー（IFA）だけでは、十分にこの問いに答えることができず、アドバイザーを支えるプラットフォーマーまでを網羅しました。

　さらに、日本国内のアドバイザーとプラットフォーマーだけでなく、その

モデルとなった英国、アドバイザー先進国でありプラットフォーマーの先駆けとなった米国を解説することにより、現状で考えられる「すべて」に対応することを試みています。

　本書の構成は、まず第1章で執筆陣による鼎談としてIFAを取り巻く課題を整理し、これから求められる論点を浮き彫りにしました。

　ただし、この論点はIFAが金融機関に内包されていないがゆえ、明らかになりやすかったのであって、実は彼らに限ったものではありません。

　その意味で、証券会社、銀行、資産運用会社など、金融機関の皆様にも読んでいただける内容になったのではないかと感じています。

　第2章以降は米国、英国、日本の順に章ごとに分け、各国のアドバイザーに関する成立ちから制度・資格や商品・サービス、経営実態、各国特有の課題など、さらにはプラットフォーマーに至るまでをファクトベースで分析しています。また、本来であれば各章のテーマで1冊の本ができてしまうほどの内容を可能な限り体系的かつ簡潔にまとめました。

　章ごとに完結した内容のため、読者の皆様は自身で関心のある章から読み進めていくこともできる構成となっています。

　最後に、超高齢化社会が一段と進むなか、アドバイザーはこれまで以上に顧客の側に立つことが求められています。IFAとそれを支えるプラットフォーマーが、真に顧客の財産を預かるにふさわしい存在となり、顧客の満足度の高まりを伴って業界が一段と発展していくことを願っています。

2020年11月

　　　　　　　　　　　　　　　　　　　　　　　執筆者一同

【著者略歴】（50音順）

大原　啓一（おおはら　けいいち）

東京大学法学部卒。2010年ロンドンビジネススクール金融学修士課程修了。野村資本市場研究所を経て、2004年に興銀第一ライフ・アセットマネジメント（現アセットマネジメントOne）に入社。日本・英国で主に事業・商品開発業務に従事。同社退職後、マネックスグループ等から出資を受け、2015年8月にマネックス・セゾン・バンガード投資顧問を創業。2016年1月〜2017年9月、同社代表取締役社長。2018年5月に日本資産運用基盤株式会社を創業し、代表取締役社長に就任。本書では「第4章　日本のIFA」を担当。

沼田　優子（ぬまた　ゆうこ）

東京大学経済学部卒。野村総合研究所、NRIアメリカ、野村資本市場研究所、野村證券を経て明治大学国際日本学部特任准教授に就任。2018年より特任教授。20年以上にわたり、日米の金融機関について研究。近年は、金融業務の機能分化、「投資アドバイス」のあり方、顧客本位の業務運営等に注目。『変貌する金融と証券業』第11章「トランプ政権下のリテール証券業とフィデューシャリー・デューティー」（証券経済研究所、2018）、「投資アドバイスとは何か；フィデューシャリーとしての米国証券営業担当者の事例から」証券経済研究99（2017）、『資本市場の変貌と証券ビジネス』第14章「金融危機後の米国リテール証券業」（証券経済研究所、2015）等執筆。本書では「第2章　米国のアドバイザー」を担当。

野尻　哲史（のじり　さとし）

一橋大学商学部卒。国内外の証券会社調査部を経て、2006年より外資系資産運用会社で投資教育に従事。20年以上にわたって資産形成・資産活用の啓発活動を続ける。2019年5月、定年を機に継続雇用を続けながら合同会社フィンウェル研究所を設立し、資産形成を終えた世代向けに資産の取り崩し、地方都市移住、勤労などに特化した啓発活動をスタート。行動経済学会、日本FP学会などの会員、日本証券アナリスト協会検定会員、2018年9月金融審議会市場ワーキング・グループ委員。本書では「第3章　英国のIFA」を担当。

〈本書の留意事項〉

① わかりやすさを優先したために、一部省略・簡略化した表現を用いています。

② 意見に当たる部分は執筆者個人の見解であり、執筆者が所属する組織を代表するものではありません。

③ 一般的な知識を説明したものであり、特定の商品・サービスなどの勧誘を目的とするものではありません。

④ 本書は執筆時点までの各種情報に基づき執筆されています。

Independent Financial Adviser

第1章

鼎談

アドバイザーとプラットフォーマーの"いま"と"これから"

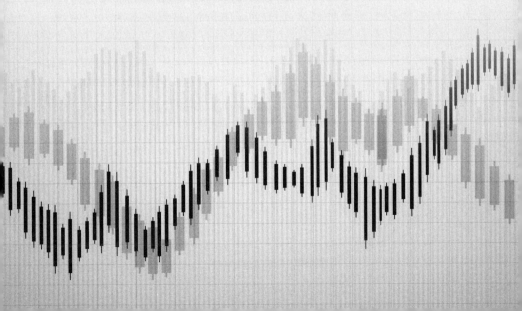

(1) IFAを支えるプラットフォーマーにあるべき機能とは

大原——これからの新たなIFA事業の担い手として、有力な候補だと個人的に考えているのは、地域銀行等の地域金融機関や生命保険会社・保険代理店です。

野尻——それはアドバイザーとして？　それともプラットフォーマー[1]としてですか。

大原——アドバイザーとしてです。資産運用アドバイスを提供する基礎となるお客様との信頼関係やライフプランニング技術など、地域金融機関や生命保険チャネルがそれら戦略資産を活用し、IFA事業の担い手となる可能性は大きいと考えています。

　　ただ、それら非証券チャネルが大きく成長するためには、プラットフォーマーの支援が欠かせません。

　　たとえば、地域銀行が大手オンライン証券と金融商品仲介業務で提携したけれども、対面アドバイス営業の支援が十分ではなく、提携の成果が期待していたようにあがらないといったことを最近よく耳にします。資産運用アドバイスや顧客フォローアップのための充実したツールを提供したり、そのための研修を実施したりするなどの支援をプラットフォーマーが提供しなければ、金融商品の提案・提供に慣れていない地域金融機関や保険会社・保険代理店チャネルはIFA事業に取り組むことはできません。

　　対面アドバイス営業の支援を十分にできないという制約を本来的にもつオンライン証券会社がプラットフォーマーの中心である現状、IFA事業の担い手が地域金融機関や保険会社・保険代理店チャネルに拡大せず、その

1　ここでの「プラットフォーマー」とはIFAが所属する委託金融商品取引業者等（本書193頁参照）を指す。

ような支援を比較的必要としない証券会社の営業担当出身者が多い構成になっているのもその辺りに原因があるように感じています。

　ですので、従来型の対面証券会社がそこに降り立つべきではないかと最近は考えています。たとえば、ある中堅証券会社は、グループ内にアセットマネジメント機能をもち、地域銀行と提携する等の動きを最近進めていますが、これからはそういう会社がプラットフォーマーとして大きく成長するのではないかという印象をもっています。

野尻――理屈としてはありうるパターンだと思います。ただ、私個人としては、日本全国を網羅できるネットワークがある会社でバックオフィス機能をもっているという意味で、候補にあげるのはいわゆる確定拠出年金の運営管理機関[2]。

　保険会社はそのままだとむずかしいかなって。プラットフォーマーはやはりホワイトレーベルであるべきで、その点、保険会社は色がついているのではないかと思います。ホワイトレーベルでやりにくくなるかな。

　そうなると、やはり信託銀行。だが、簡単ではないでしょう。その理由は、とにかくコストがかかるビジネスだからです。

沼田――従来型の信託銀行は、米国も日本も寡占化が進んで巨大化しているので、信託銀行のビジネスとして考えたときに、IFAは潜在市場が小さすぎるという判断をしてしまいがちではないでしょうか。米国では「IFAに優しい」信託会社がわざわざ新たに登場しているくらいです。

野尻――ただ、逆に日本の信託銀行でいわゆる確定拠出年金やNISAなどを

2　「確定拠出年金の運営管理機関」とは、専門的な知見に基づいて、確定拠出年金制度の運営を行う金融機関であり、運用商品の選定や提示、また、提示した運用商品に関する情報提供や投資教育等を行う「運用関連運営管理機関」と確定拠出年金の加入者の記録・管理・運用指図の取りまとめ、給付の裁定を行う「記録関連運営管理機関」がある。

やっているところは最も副次的な効果があると思います。大手外資系金融機関も米国にプラットフォームビジネスをやっているところがあって、カストディ[3]とクリアリングのサービスを行っていますね。こういうビジネスモデルが日本にあるとすると、要はカストディをやるのは何となく信託銀行になると考えているのですが。それが日本にできたらすごくきれいなかたちになると思いませんか。

大原——プラットフォーマー候補を考える場合、アドバイザーがココと組みたいと思っている金融機関として、証券会社以外にも、資産運用会社やそれこそ信託銀行もあげられます。

　ただ、そうしたプラットフォーマー候補の金融機関の観点で考えると、金融商品仲介事業に興味はあっても、費用や利益、成長性等の見合いもあって、アドバイザーチャネルとして囲い込む対象としてIFAは重視しづらいという声があることも事実です。

　結果、プラットフォーマー候補が優先して囲い込もうとしているのは地域銀行や保険会社というのが現状であり、まさにSBIホールディングスや野村證券等が競うように地域銀行等のアドバイザーチャネル候補を奪い合っています。中小規模のIFAがアドバイザーチャネル候補として重要視されるのはその先になるかもしれません。

　これからのプラットフォーマー動向を予想するときには、そのようなビジネス的な観点も必要なように考えています。

　また、資金決済・管理機能という観点も、プラットフォーマー候補としての優位性に影響するように考えています。つまり、証券総合口座と銀行口座、信託銀行口座はそれぞれ資金決済・管理に関する使い勝手や事務・システム構成等が異なっているということは無視できません。

3　「カストディ」とは一般に、有価証券の保管・管理、売買代金の決済、利子・配当金の受領等などの業務を提供するサービスの総称である。これらの業務を行う金融機関をカストディアンという場合もある。

たとえば信託銀行の場合、年金基金の運用管理等も業務として行っているように資産運用目的の口座の提供も行っていますが、大口資金を預け入れない個人向けには、株や債券等の幅広い資産の受入れは対応しきれていないことが多いように思います。

　銀行口座も同じく柔軟性に欠けているように思います。そうすると株式や債券、投資信託、ラップ等、多様な資産運用商品・サービスの受け皿になりうる証券総合口座がいまのところいちばん使い勝手が良く、その観点では証券会社がプラットフォーマーとして最も優位性があると考えることもできます。

　ただ、アドバイザーとなる地域銀行の投資信託口座を活用することも考えられますし、顧客セグメントによっては株式や債券等は不要ということもあるので、口座機能の柔軟性がそのままプラットフォーマーとしての優位性にはつながるわけではないとも思いますが。

野尻──そこにはキャッシュが入る要素はないのでしょうか。証券総合口座にはキャッシュ（現金）を置けるのですか。

大原──キャッシュを置くことはできます。ただ、お客様の利便性を考えると銀行口座とのスイープ機能が求められるように思います。

野尻──そうか、置けるだけだから。そこから決済できないですものね。

大原──決済できる証券総合口座もあるにはあります。たとえば、クレジットカード決済のできる証券総合口座も存在します。やはり生活資金の決済は銀行口座を使用することが好まれるようには思いますが、証券総合口座に銀行口座とのスイープ（自動入出金）機能をつけることも可能ですし、個人の多様な金融資産の受け皿としての柔軟性等という観点から考えると、プラットフォーマーに最も親和性がある業態はやはり証券会社である

とも考えられます。

野尻──たしかに、米国では決済機能をもったことが資産運用会社がビジネスを大きくしたきっかけでした。1980年代だったか70年代だったか。もう30年、40年前のことだ。同じことがいま、日本で課題になっているとはその遅れに何だかぞっとします。

大原──地味だけども資金決済まわりって大事だなと思っています。これは弊社・日本資産運用基盤の話になりますが、プラットフォーマー向けに投資一任事業運営⁴ソリューションを提供しているのも、同じ問題意識に基づいています。私たちは、投資一任スキームが資産運用アドバイスの事業スキームとして今後さらに大事になってくると考えていますが、そこでネックになるのはプラットフォーマーが投資一任用の決済口座をどう用意するのかということなのです。

　証券総合口座、銀行口座、投信口座、信託口座といろいろありますが、ラップサービス（投資一任）の場合、たとえば、証券総合口座のなかに専用のサブ口座をつくるとか、まず決済のための特別な口座を用意しないといけないというケースもままあります。それはプラットフォーマーにとって大きなコスト負担になったり、アドバイザーチャネルごとにそうした仕掛けをフレキシブルに対応することを実現するのは重かったりするという実務的なボトルネックが存在します。

　そこで、私たちがプラットフォーマーとなる金融機関に提供しているのが、投資信託というビークルを最大限活用することにより、資金決済や口座まわりの課題を解決するような投資一任スキームなのです。ラップサービスとしてお客様と個別に投資一任契約⁵を結んで、そこで契約的にアドバイス提供役務を定義するのですが、ポートフォリオ運用や報酬収受等に

4　ここでの「投資一任」とは、金融商品取引法における投資運用業の投資一任業務をいう。

伴う決済業務を投資信託のなかにくるんでしまう。いわば、投資一任特約付き投資信託やアフターフォロー特約付投資信託といった概念の投資一任スキームです。「ラップ契約内蔵型投信活用投資一任スキーム」と表現していますが。

　たとえば、野尻さんが弊社ソリューションを活用したラップサービスを利用する場合、プラットフォーマーである金融機関と野尻さんが投資一任契約を結ぶのだけれども、その投資一任契約の報酬の徴収は、運用に用いる投資信託の信託報酬の一部としていただくという仕掛けを施すのです。

　そうすると投資信託内で投資一任報酬を徴収するので、投資一任報酬を個別に決済する特別な口座を用意する必要がない。通常の証券総合口座や投信口座内で投資一任サービスを提供できるようになります。

野尻──決済サービスをくるんだ投資信託ってことですか。そこにはキャッシュを置くということになるのでしょうか。

大原──投資一任としてお預かりするキャッシュは基本的にはすべてそのラップサービス用の投資信託で運用し、投資一任報酬を徴収する際には投資信託のなかの銘柄を必要に応じて現金化していくというやり方になります。

野尻──いまの投資信託の口座で2口売るとか3口売るとか、そういうことで現金化させるのと同じ発想ですね？

大原──投資一任報酬の徴収・決済機能を内蔵した投資信託の内部で完結するので、正確には少し違います。たとえば従来のラップサービスを5,000

5　「投資一任契約」とは、顧客から金融商品の価値等の分析に基づく投資判断の全部または一部を一任されるとともに、それらの投資判断のもとで投資を行うのに必要な権限を顧客から委任されることを内容とする契約である。

人のお客様に提供していて、四半期毎に投資一任報酬を徴収する場合、5,000人分の投資一任運用ポートフォリオのそれぞれを一部売却し、その現金化したところから投資一任報酬を徴収するという徴収・決済業務が発生します。これは口座まわりの事務・システム負担が小さくありません。弊社提供の「ラップ契約内蔵型投信活用投資一任スキーム」はそうではなく、投資信託のなかでポートフォリオ運用や報酬徴収の機能を全部くるむという発想なので、お客様が何千人、何万人いても、その投信のなかで投資一任報酬の徴収が完結できるのです。

　詳細を説明するとテクニカルになってしまうので、これ以上詳しく説明申し上げることは控えますが、言いたかったポイントは、資金決済等の口座まわり機能の具備はプラットフォーマーが事業を拡大するうえでボトルネックになっていると感じているということです。

　IFA事業のプラットフォーマーの今後を語る場合、地味で気づかないところですが、事業運営コストを分解して分析してみると、口座まわりの事務・システムに係る負担は結構大きいことがわかります。それがプラットフォーマーになりうる業態を制限してしまっていたり、アドバイザーに提供できる事業スキームやサービスを限定してしまったりしているという問題があります。それを私たち日本資産運用基盤はユニークな手法で解決していろんなプラットフォーマーを増やし、資産運用アドバイスの鍵になると考えている投資一任のスキームを広めていきたい。自社の宣伝っぽくなってしまい恐縮ですが、そんなことに取り組んでいます。

(2)　「販・販分離」と手数料（報酬）問題

野尻——大原さんの頭のなかにはIFA のプラットフォーマーって日本に何社くらい思い浮かべることができますか。

大原——いま、プラットフォーマー、つまり金融商品仲介業の委託元として

活動しているのは40社くらい存在します。大手オンライン証券会社から中堅の証券会社まで幅広い状況です。

　ただ、これから金融商品の販売機能と、お客様と接してアドバイスや金融商品を提供する機能の担い手がどんどん分離していくことにより、プラットフォーマーの数はさらに増えていくことを予想しています。

　私は「販・販分離」と表現していますが、いままで販売会社である証券会社や銀行等が、販売管理機能や決済機能等をすべてもち、さらに金融商品の販売も自社で営業してきたところ、たとえば大手オンライン証券会社が自ら営業を行わず、IFA等の仲介業者を支援する機能提供という裏側に特化するように、機能分離が進むと予想しています。

野尻──それが本当にできるのだったらむしろいいと思いますね。

大原──「販・販分離」のように機能分化が進むとあらゆる金融機関が自らの銀行機能や証券機能をAs a Service化できると予想しています。特に、自前の対面営業チャネルをもたないオンライン金融機関はプラットフォーム事業に特化しやすく、金融機能のAs a Service化に親和性があると考えています。

野尻──それいいですね。

大原──今後はいろんな銀行や証券会社がそうなると思っていて、だから私はオンライン銀行や証券会社に対して、「これからはBanking as a Serviceですよ、Brokerage as a Serviceですよ」と、プラットフォーム事業への参入を促しています。

　さらには資産運用会社もプラットフォーム化の流れになると考えています。資産運用会社の足もとの最大の経営課題は個人顧客との関係をいかに再構築するかだと考えています。

資産運用会社は、その冠のとおり、資産運用の高い専門性をもつ業態であり、運用哲学やブランドを前面に出すことにより、個人顧客を囲い込むことができるポテンシャルはある。それにもかかわらず、これまではお客様と直接関係を構築するための手段が限られていました。

　もちろん、第二種金融商品取引業登録 [6] をすれば、自社投信商品の直接販売をすることはできたのですが、その直販業務をIFA等に業務委託することができなかったので、できることといえば、せいぜいオンラインでのマーケティングでしかありませんでした。

　ただ、最近になって、資産運用アドバイスを提供するスキームとして投資一任スキームがあらためて評価され、資産運用会社が投資一任事業に参入し、その提供の仲介をIFA等に委託しようとする動きが広がりつつあるように感じています。投信直販と異なり、投資一任サービスの提供であれば、以前からIFA等への業務委託は認められていたんですね。

　加えて、今年7月上旬に、資産運用会社が自社投信の直販業務をIFA等に業務委託することができるという整理を金融庁が示したことを受け、このアプローチへの関心も高まっているように感じています。

野尻──投資一任でなくとも？

大原──投資一任でなくともです。

6　第二種業を行うには、金融商品取引法に基づく登録を受ける必要がある。この登録を受けることによりできる業務は主に①有価証券（投資信託の受益証券、抵当証券、集団投資スキーム持分、受益証券発行信託の受益証券）の募集または私募、②いわゆる「みなし有価証券」について、売買・市場デリバティブ取引・外国市場デリバティブ取引、当該取引の媒介・取次・代理、当該取引の委託の媒介・取次・代理、有価証券等清算取次、売出し、募集・売出し・私募の取扱い、③有価証券に関連しない市場デリバティブ取引または外国市場デリバティブ取引、当該取引の媒介・取次・代理、当該取引の委託の媒介・取次・代理、当該取引についての有価証券等清算取次、④委託者指図型投資信託の受益証券および外国投資信託の受益証券についての転売を目的としない買取り、募集の取扱い（媒介）などを行う。

野尻——ということは投資一任をやる必要はないということですか。

大原——はい、IFA等への業務委託を通じた個人顧客へのアプローチという意味では、投資一任スキームが必須ではないという意味ではそのとおりです。ただ、投資一任でないと継続的なアドバイス役務提供を契約内容としたり、その対価としてのフィーをとりにくいので、投資一任スキームがこれからはベターだと個人的には思っていますが。

野尻——これは何の資料をみればいいの？

大原——これは投資信託協会の自主規制委員会で金融庁が伝達したものですので、金融庁のHP等で公表されている資料等で確認できるものではありません。いずれにせよ、資産運用会社もプラットフォーマーになる流れが強まっているように感じています。

野尻——英国はいまそういう動きが非常に強いと思う。

大原——外資系の資産運用会社の担当者と話していると、本国から「日本に良い運用商品を卸しても、販売会社の意向ですべてが決められ、自分たちの哲学に沿った提供ができない」と言われるということをよく耳にします。

　こうした問題に対しても、投資一任や投信直販の仲介委託スキームを活用することで、たとえばロンバー・オディエ[7]とか歴史のある資産運用会社が、自らのブランドを前面に出して、仲介先のIFA等を選別し、囲い込んで、運用哲学をストレートにお客様に届けるということが可能になると考えています。

7　1796年にスイスのジュネーブにて創業したプライベート・バンク。日本法人としてロンバー・オディエ信託株式会社がある。

野尻――そこに対しても「販・販分離」の意義とか資産運用会社でさえプラットフォーマーになりうるとか、が議論になりそうですね。その場合に、米国と英国の実情をみると、プラットフォーマーはホワイトレーベルでなければダメだと強く思っているのですが。

　ところで、日本にはプラットフォーマーが40社くらいあるということですが、きっとこれでキャパシティはいっぱいなんじゃありませんか。40社もあって。

　英国でも社数的には50社とかあるんですけど、実際、IFAを介さないスーパーマーケット型のプラットフォーマー市場では1社でシェア4割を握っている会社があり、IFAを介するプラットフォーマーでも4社で8割くらい握っていると思う。

　日本でもそれくらいのものになっていくのではないか。そんなに最初から選ぶ必要はないし、最初にコントロールする必要はないが、乱立してもうまくいかないようになる。

　逆に言うと本当に力のあるところがやる気になってやらないと未開拓の地が開拓できない懸念もあるように思います。

大原――たしかにそうかもしれません。日本に40社あるといっても、そのうちの10社は所属仲介業者が1社しかなかったりします。

野尻――いちばん大きいのは楽天証券ですか。

大原――所属先数ベースで大きいのはエース証券ですね。金融商品仲介業者が400者（社）くらい所属しています。本書にも書きましたが（本書188頁参照）、業界分析するとおもしろくて、IFAには法人と個人事業者がありますが、最近はどこのプラットフォーマーも法人重視の傾向が強いです。たとえば、楽天証券はIFA法人のみ業務委託契約を締結しています。一方、エース証券は積極的に個人事業者も囲い込んでいます。

全体をみるとたしかに個人事業者が多い気がするのはエース証券の影響が大きいです。エース証券の方針次第で個人事業者と法人事業者の構成がガラッと変わる。

野尻——個人事業者を対象にしているか、法人事業者を対象にしているかの要因はコンプライアンスの問題でしょうか。

大原——はい、個人事業者はコンプライアンスにかかる負担やリスクに対する懸念が大きいと聞いています。

野尻——それでは、エース証券はコンプライアンスを全部やっているってことですか。

大原——おそらく、そういうことかと思います。あとおもしろいなと思ったのが、金融商品仲介業者の所在地という観点では、日本は圧倒的に東京を中心とする三大都市圏に集中しています。沖縄、関西は圧倒的にエース証券で、エース証券にのみ所属しているIFAがほとんどで、エース証券が経営方針を変えると地域の分散が偏ってしまうんです。

沼田——個人的には変えてほしくないなと思います。そのほうが市場に厚みが出ます。

大原——あくまで本社を置いているところの所属になるので、たとえば東京の大手IFA法人も関西にオフィスを構えたりもしているし、プラットフォーマーやアドバイザーが地方を軽視しているということではないでしょうが、事実としてそういう偏りがあります。
　たとえば、みずほ総合研究所の分析（本書189頁参照）で、個人金融資産の地域の偏りをみると、どうしても三大都市圏が多いので、仕方のないこ

とではあるとは思いますが。

野尻——それで、エース証券は儲かるでしょうか。IFAをサポートするサービスを余分に出しているわけで、そのコストのことを考えるとフィーが高くてもおかしくないですよね。

　ところで、金融庁の市場ワーキング・グループ[8]（以下、「市場WG」）では「事務代行報酬[9]を外出しにしよう」という声があります。

　私は、それよりも「事務代行報酬をコントロールしよう」と話している。簡単じゃないという批判も多いのですが、投資信託ごとにばらばらな事務代行報酬を一律化できたほうがよいと考えています。

大原——それは私も賛成です。

野尻——これがプラットフォーマーのフィー（報酬）になるくらいにすると相当下がるはず。25とか、50ベーシスくらいまで下がる。ちょっと違う世界がみえるんじゃないかと。

　事務代行報酬をプラットフォーマーの基本のフィーに変えることができたら、たとえば、プラットフォーマーがIFAの個人事業者を対象とする場合、その事務代行報酬分でプラットフォーマーのコストをカバーして、コンプライアンス業務はアウトソースしてやればいいんじゃないでしょうか。そういうふうにすれば変わってくるような気もしていて。

8　金融審議会「市場ワーキング・グループ」のことを指す。2016年5月13日に第1回から2020年7月23日の第31回まで行われており、顧客本位の業務運営や資産形成、高齢者の金融取引などさまざまなテーマが議論された。本書の著者である野尻哲史氏は第13回（2018年9月21日）より委員を務めている。
9　事務代行手数料、代理事務手数料とも呼ばれ、投資信託委託会社（投資信託を設定し運用する会社、いわゆる社名に「アセットマネジメント」などと冠される資産運用会社）から販売会社（銀行、証券会社、保険会社など）へ支払われる報酬のことをいう。

大原——そうですね。投資一任スキームを推している理由の1つもそこでして、投資信託の事務代行報酬って何の役務の対価なのかということがあいまいだという問題意識をもっています。

　事務代行報酬って、本来はその表現のとおり、法定書面の提供やその他販売関連事務を代行するという役務の対価にすぎないと思うんです。ただ、複雑な商品だからアフターフォローが大変だとか何とかいって、販売会社が収受する事務代行報酬収入を多くしようとするのがビジネス慣行になっているように感じています。

　投資信託の契約約款のどこを読んでも、お客様にどんな頻度でどんなアフターフォローを行うかという役務が定義されていないんですよね。でも、対価だけはそのあいまいな役務っぽいものに応じて高く設定されてしまっているという変な状況にあるんです。

　結局は、事務代行報酬という対価やそれに対応する役務も、投信委託会社と販売会社の間の契約で定まるものなので、法定でその役務内容や水準を一律にする必要まではないと思いますが、何のための手数料かという役務を明確にすると、おのずと事務代行報酬も一定の水準に収斂していくと予想しています。

　金融機関がお客様に対してどのような継続的なアフターフォローを提供するかを投資一任契約書等で定め、そのうえでフィーを明示することにより、顧客満足度も上がりますし、金融機関にとっての新たな利潤の源泉も生まれると考えています。

野尻——それがアドバイス・フィーなんでしょうね。事務代行報酬と呼ばれているものはアドバイス・フィーではなく事務手数料にしてもっと下げるとすごくクリアになると思っています。

　市場WGでいろんな話をしますが、議論していても説明負担ばかり増えてしまって、業界が追いつくためにジリジリ絞られて息苦しくなる。メスを入れたほうがよい。そのために事務代行報酬を変えるのはいちばん、

顧客本位の業務運営をなしうるのに近い気がしています。

大原——事務代行報酬の問題に切り込まず、周辺部分で対応しようとすると、説明負担ばかりが増えてしまうというのはまさにそうだと思います。事務代行報酬は何の対価かということを明確にすることがやはり最も重要だと思います。

　一方、アフターフォローを重視し、それを契約書でしっかりと定義することも大事だと思います。「継続的なアフターフォローが大事」といくら理想を掲げても、既存の投資信託スキームでは、アフターフォロー役務もその対価も投資信託約款で定義されていないため、フィーのとりようがなく、金融機関はただ働きするしかない。

　個々のお客様との間の投資一任契約書等で、「私たちはあなたと年に何回は必ず面談をして、しっかりとアフターフォローします」等と約することによって、お客様はそのアフターフォローを契約に基づく権利とすることができるし、金融機関は手数料を収受する根拠を明確にもつことになります。

野尻——その議論はそのまま分配金の議論と同じですね。一律にお客様に分配を払うって納得性がないことを、みんながぼんやりとわかっている。こういう世界は"いただき物"の世界に近い。

　やはり、できる限り分配金を払う必要はなくて、ちゃんと引き出す機能をつければいい。資産の引出しがそういうスキームに変わるとずいぶん、お客様の考え方が変わるはず。

大原——そう思います。外側で継続的なアドバイスの契約を結んで、取り崩しのガイダンスやアドバイスをするということになりますね。

野尻——事務代行報酬のところとか正式に表明したいな。でもまわりから叩

かれますよ、これは。

大原——事務代行報酬にはアフターフォローアドバイスの対価は含まれていないことを明確にして、投資信託の外側に出す。そして投資信託の事務代行報酬が一定水準に低下することを促す。これは投資信託業界にとって非常に重要なことですが、反発も大きいように予想します。

沼田——投資信託だけにこだわらず、資産運用業務全体でみれば、至るところに商機があってバラ色の未来がみえますが。

野尻——それは日本の資産運用会社が知らない世界。海外の資産運用会社は英国と米国でその苦しい時を乗り越えていまがある。
　これは特に英国の手数料制撤廃の議論でやろうしたものに近いと思います。いちばん最初にプレッシャーがかかったのは運用報酬の引下げでした。最も大きな変化は、手数料が高いものが売れる時代から手数料の低いものが売れる時代に変わるということ。それがジリジリではなくて、突然変わるところが厳しかった。
　昨日まで運用報酬は高くてもかまわないといっていた時代から、突然、「運用報酬は下げるべきだ」という時代に変わることになります。こうしたことを海外の資産運用会社は経験している。
　よく日本はフィーが高いのでパフォーマンスが低いっていう言われ方をされるのですが、米国も投資信託ではなくて外で払っているフィーを乗せたら実態としては日本と変わらないのではないでしょうか。
　だから事務代行報酬を外に出したら、本当に米国や英国と比べて日本の資産運用業界のパフォーマンスが悪くてダメだといった批判が妥当かどうかの答えがみえるようになるはずです。何か上手に投資信託業界がフィーの議論をポジティブに取り上げてくれるようにならないでしょうかね。

大原——資産運用業界全体として、利潤は変わらないし、逆にしっかりとアフターフォロー付加価値を提供することにより、新たな利潤を生み出すことができるということを示したいですね。

(3) 報酬とコストの見える化が鍵

大原——沼田さんと野尻さんにお聞きしたいのは、金融商品販売の規制に関して、適合性の原則から受託者責任への動きがどう進もうとしているのかということです。これは規制のあるべき論とは少し違う問題意識なんですが、資産運用業界が収受する運用報酬水準が今後大きく低下することを予想しての質問です。

　金融庁が2020年6月に公表した「資産運用業高度化プログレスレポート2020」のなかで、公募投信の信託報酬水準が低下傾向にあるという事実が指摘されていました。資産運用業界の一部では、「たしかに低下はしているけれど、まだまだ緩やかだから大丈夫」という見方もありますが、私は個人的には、金融商品販売の規制に受託者責任的な色彩をより強くもつことによって、この報酬水準が今後数年で急落するのではないかと予想しています。

　お客様に適合しているかどうかではなく、ベストなのかどうかという観点で商品を提案することが規制で強制されると、同種の運用戦略や経済的便益の投信商品であれば、安い運用報酬の商品を提案しなければならなくなります。これが資産運用業界の利潤消失の流れに拍車をかけると考えています。

　2010年代に米国で金融商品販売に受託者責任の要素を加える議論が進みましたが、2020年代の日本はどうなっていくのでしょうか。市場WGではこのあたりをどう議論されていましたか。

野尻——顧客本位の業務運営の7項目[10]のなかで最も重要だと思っているの

は、利益相反と手数料の明確化ではないでしょうか。今回の市場WGで議論された重要情報シート[11]のなかで、お客様からいただくフィー（手数料）を記載する項目があります。フィーというかお客様にとってのコストを記載する項目ですね。手数料の明確化とは、単に手数料を開示するという、いわゆる手数料の透明化とは違って、どのサービスの対価として、いくら受け取っているか、いくら受け取るかを示すものだと思います。

　この議論は、フロントラインでお客様と向き合う金融事業者がお客様にかかるコストすべてを対象にして開示することになります。

　フィーが高いか低いかの議論ではなく最終的にはその投資信託とそれを取り巻くサービス全体でどのくらいフィーを受け取るかということ。もちろん、お客様にとっては長くサービスを提供してくれる金融事業者でなければいけませんから、ビジネスを持続できるだけの収益をもたらす水準でなければいけないことも大切な視点です。

　たとえば何年かデータが蓄積されていって、フィーの水準が2020年12月はこれくらい、2023年の時はこれくらいになりましたってやっていくと、しかもフロントでざっくりといくらとりますではなく、個別のサービス項目として記載すると、お客様の意識が変わる気がしています。加えて、これをできるだけ紙で出さないようにするべきだとも思います。

　オンラインで対応できれば、このデータを必ず集積できるし、必ず公正にみえるようになる。「紙は無駄ですから」という言い方をしているけど、本質的にはサービスに対する細かい状況を可視化し、お客様が実感し

10　2017年3月30日に公表した「顧客本位の業務運営に関する原則」には次の7項目が示されている。①顧客本位の業務運営に関する方針の策定・公表等、②顧客の最善の利益の追求、③利益相反の適切な管理、④手数料等の明確化、⑤重要な情報のわかりやすい提供、⑥顧客にふさわしいサービスの提供、⑦従業員に対する適切な動機づけの枠組み等。
11　金融審議会「市場ワーキング・グループ」（第31回）で、「一定の投資性金融商品の販売・販売仲介に係る「重要情報シート」フォーマット（例）（個別商品編）」が示されている。このフォーマットには、購入時に支払う費用（販売手数料など）、継続的に支払う費用（信託報酬など）、運用成果に応じた費用（成功報酬など）といった費用について記載する項目がある。

やすいようにすることが結果として、紙での提供では不十分ということになるのではないでしょうか。

　お客様がみて高いって思うかどうか。そういう感覚をつくるために情報提供していく。そうした点では資産運用会社のサービスの対価は運用報酬だけになる。私がすごく気にしているのは資産運用会社のビジネスモデルがどう変わるか。英国とか米国の資産運用会社をみていると、コストに対する議論はハンパじゃないなと思います。

　日本の資産運用会社はどこまでやれるか。これまでも世界の資産運用会社はバックオフィス業務をどんどんアウトソースしています。ものすごい反発があった。社内でないことのリスクと言ったらいいのか、万一間違ったらどうするのかという議論です。日本はそれ以上に反発が強いのではないでしょうか。

　たとえば日本の基準価額は間違いが絶対許されない。100％正確でないとダメという意識、システムですね。本当に99.999％ではダメなのか。もちろん基準価額が間違っていいということではないですが、最後の0.001％の正確性を達成するコストをどう評価するかを考える時期に来ているのではないでしょうか。米国も英国が99.99％であれば許容できるという世界で、日本だけ100％でなければならないというカルチャーだとすると、単純なコスト構造というものではなく、コストに対する考え方、意識、失敗の受入れ方を変える時期に来ているように思う。

大原——日本の資産運用会社は、運用報酬の低下に対して脆弱な収益構造になっているという強い懸念をもっています。つまり、ほとんどすべての資産運用会社が収益のほぼ100％を投資運用付加価値提供の対価である運用報酬に依存しており、投資運用付加価値がコモディティ化し、運用報酬が低下していくと、もう手立てがなくなっちゃう。

　米国の資産運用会社の場合、たとえばブラックロックはアラディン[12]というリスク管理ソフトウェア、フィデリティだとファンドプラット

フォームをもっていてそこからの収益がある。つまり、収益の分散ができている。

この深刻な状況に対して、進むべき方向性は大きく2つあると考えています。

1つは、野尻さんがおっしゃるとおり、コストに対する考え方をガラッと変えて、100%を徹底的に追求するという考え方を捨て去ったり、差別化にならない業務分野は徹底的にアウトソースしたりし、報酬低下に対する耐性が強いコスト構造にもっていくということです。

もう1つは、収益の分散を進めなければなりません。ただ、いきなり米国の資産運用会社のようにリスク管理ソフトウェア販売やブローカレッジ事業をもつのは現実的ではありません。日本でいま動きつつあるのは、未上場株式をポートフォリオに組み入れるクロスオーバーファンドの運用や、アクティビスト的な運用手法の採用、コミュニティをつくって、ファンを囲い込む等、「ここにしかない」独自の付加価値を創出することにより、報酬率の低下に歯止めをかけようとすることです。まさに資産運用業界も過渡期にあり、いろいろな試行錯誤が行われているように感じます。

沼田さんにもお聞きしたいです。

沼田――私は米国のような変化がみられるとよいと思っています。米国では、オバマ政権時に証券外務員にも受託者責任を実質的に課す労働省規則[13]が採択されて、規制関連のテクノロジーを提供するレグテック[14]が勃

12　ブラックロック・グループ内の独立した事業部門であるブラックロック・ソリューションズが提供するシステム・プラットフォーム「Aladdin®」を指す。ポートフォリオ分析やリスク／リターン分析機能および資産運用業務プロセス全体を統合的にサポートするといった機能がある。

13　Department of Labor, "Definition of the Term "Fiduciary"; Conflict of Interest Rule—Retirement Investment Advice." 2016.

14　レグテック（RegTech）とは、規制（Regulation）と技術（Technology）をかけあわせた造語である。規制対応を効率化し、低コストで行うためにITなどのテクノロジーを活用すること。

興しました。たとえば企業型から個人型の確定拠出年金への資産移管を勧める際、自分の提案が顧客本位であることをお客様に説明しないといけなくなったアドバイザーのためにあるツールが素晴らしいと思っています。

　自分がお客様に勧めたいと思う投資信託の銘柄を入れると、できあがったポートフォリオの手数料やリスクをお客様の企業型確定拠出年金のそれらと比較します（企業年金のほうはデータベースがあり、社名を入れると取り出せます）。お客様が自ら選んだポートフォリオよりも提案ポートフォリオの手数料が低ければ、言うことはありません。

　ただ米国らしくていいと思うのは、そうでない場合も、あえて手数料の高い投資信託を勧める理由を客観的データとともにきちんと説明して、お客様が納得するのであればかまわない、という規則になっています。労働省規則は高額手数料を一律禁止にはしなかったのですが、この規則のおかげでアドバイザーはその説明を可能にするツールを手に入れたのです。多様な選択肢を残したうえで説明責任を果たしたほうが顧客本位であると考えており、その責任の果たし方をアドバイザーに委ねたからこそ、このようなイノベーションが生まれたのだと思います。

　トランプ政権がこの規則を無効にしてしまったので、当初の期待ほど、レグテックが盛り上がらなかったのかもしれませんが、こうしたツールは証券会社のシステムとすでに連携しています。IFAはこれを使って、顧客本位だと信じる提案が自由にできますし、彼らを支援するプラットフォームもあるのです。

大原──そのように金融商品販売に係る規制が強化されたことによって、運用報酬の水準は低下したのでしょうか。

沼田──規制強化の影響だけとは言い切れません。米国には、このツールを開発した業者のように、経営戦略上、規制が求める以上の水準を目指すイノベーターが常にいて、切磋琢磨します。そのため、規制ではなく、競争

上の理由で、わが社も襟を正さないとマズい、という雰囲気ができ、労働省規則採択のかなり前から、下げ圧力がかかっていましたので。

ただ重要なのは、コンプライアンスにも競争が働いた結果、いまやアドバイザーの手元にデータがあることです。日本では心あるIFAがいても、各金融機関のデータを1カ所にまとめるのも大変で、手数料の比較が容易ではないと聞いています。心があってもツールがないがゆえに、自分の頭にインプットされている商品、扱いやすい商品を勧めざるをえない、という実態もあるのではないでしょうか。

(4) IFAのI（独立）と所属制との整合性

大原——IFAのI（独立）とは何ぞやという議論にも関係するのですが、日本のIFAがいいなって個人的に思っているのは、複数の委託元金融機関（プラットフォーマー）に所属できることが法的に担保されていることです。

顧客本位とかフィデューシャリーデューティーの考えが定着していくと、おのずとアドバイザーもお客様に提供するサービスの種類や選択肢を増やすために、資産運用会社、証券会社、銀行等、複数の金融機関に所属する流れになっていくと予想しています。

野尻——今度の金融サービス仲介業では、所属制が廃止されることになるのですが、現状で複数所属をすることのデメリットはないのでしょうか。

結局いちばん高いキックバックを出してくれるところの商品を売るなど、バイアスがかかるのであれば意味がない気がしているのですが。

プラットフォーマーに手数料のバイアスがかかる時代が来るのであればまた叩かれるだけですよね。

大原——その点について、これもお2人にお聞きしたいところですが、IFAが複数のプラットフォーマーに所属をしていたとして、本当にプラット

フォーマーとアドバイザーの手数料の配分をすべて開示することは必要なんでしょうか。

　個人的には手数料配分一覧とコスト総額は別のことだと思っています。お客様にとってはそのIFAがいくら手数料をもらっていても、自分たちの払うコストが安ければいいという考え方もあるように思います。プラットフォーマーとアドバイザーの手数料の配分をお客様がはたしてどこまで把握する必要があるのでしょうか。

野尻──そうすると、IFAとお客様との間のアドバイス契約のフィー水準は変わらないが、お客様の知らないところでお金のやりとりがIFAとプラットフォーマーの間で起きるということですか。

大原──IFAは自分たちの身入りが大きいほうがいいし、お客様はコストの総額が安いほうがよいということに尽きるように思います。仲介業という業態ゆえにどうしてもはらむ利益相反リスクについては、手数料配分の開示とは別のやり方で対応するほうがよいようにも感じます。

野尻──もちろんお客様のコストが変わらない前提であればありうるかもしれません。ただ、究極の議論かもしれないけれど、プラットフォーマーのコストは最終的にお客様にいくような気がします。手数料の明確化というコンセプトからは逸脱しそうに思いますが。

　英国のプラットフォームビジネスの歴史って常に設備投資に本当に苦労してきていると理解しています。法規制などが変わるたびにテクノロジー対応しないといけない。日本でも起きていますけど。英国でもかなりの頻度で起きていて、その対応に苦慮しているのが実情です。そのコストは、当然、最終的にはお客様の負担になるはずですよね。

　英国では、IFAは複数のプラットフォーマーを使うことはあるが、お客様ごとにどれかを選ぶようにして、口座の一元管理がしやすいようにして

います。もし複数のプラットフォーマーを使うとなると、バックオフィスの業務は複雑になってIFAへの負担が増えることにならないでしょうか。

　複数所属の是非では、もう1つ英国で課題になっているのが、プラットフォーマーの変更が自由にできないという点です。キャンセルするときにフィーを高くする仕組みになっていて、出口コストを高くするわけです。これまであまり議論されていなかったのですが、ここ数年で問題ではないかと言われ始めています。40、50社あるけど4社のシェアが8割くらい、せめて必要であれば切り替えられるように、IFAにとってプラットフォーマーが足かせになってはいけないという議論ですね。

　日本でプラットフォーマーができあがってないのに、こんな議論は変かもしれないけど、どこかで、プラットフォーマーのもっているものは標準化・平準化され、所属制はないほうがいいかもしれないと漠然と思っています。所属しているってことは所属を外れられないことでもあるから。

大原──日本の場合は、メインの所属はA社でも実際は9割の注文をB社に出すとかも許されています。そうなると乗換えコストも低いと思います。

野尻──逆の言い方をするとプラットフォーマーが50社あるなら50社全部自由に使えるのもありかもしれませんね。

大原──野尻さんがおっしゃるとおり、複数所属が進むと、まさに保険業界で問題になっているように、所属IFAの気を引くために海外研修旅行に連れて行ったりといった不健全な競争が働くこともあるかもしれません。

　一方、複数所属になったほうがお客様にとってのベクトルはベターな方向にいくかもしれません。または1社にのみ所属することを強制的にやって不利益を最小化するという考え方もあるでしょう。

野尻──大前提として、競争を担保する方法が重要なはずです。外務員とい

うやり方と所属制が日本では強く出ていて、IFAがどこかに所属するというのは結局、お客様がIFAではなく、所属元の証券会社にお金を預けることと同じロジックになりかねません。その点で所属制が足かせになるのではないかと懸念しています。

　地方銀行がIFAの会社をつくって、大手オンライン証券がプラットフォーマーになるかたちでは、地方銀行のIFA子会社にとって、お客様のお金を大手オンライン証券に送るだけの送客ビジネスになってしまいかねませんよね。

　そう考えると、IFAが複数の証券会社やプラットフォーマーとビジネスを組むのも良い方法かもしれない。もちろん所属制ではなく。

大原——米国は単一の金融機関に所属するイメージですか。

沼田——そんなことはありません。ただし、証券外務員型の場合は、外務員登録とその資格維持を支援する一社が実質的に主たる監督責任を負います。この証券会社が承認しないと、他社とは付き合えません。他社との取引で問題が生じた場合、この証券会社にどれだけモニタリング責任がかかるか、というのはまだ発展途上の議論なので、証券会社は慎重にならざるをえません。

大原——外務員型アドバイザーとは異なり、RIA（投資顧問型アドバイザー、本書64頁参照）の場合には、投資顧問業者とカストディアンの対等な関係等のように、複数のプラットフォーマーに所属することも構造的に担保されていると理解しています。ただ、実際には、システム面で複数のプラットフォーマーを利用するメリットは小さいので、結果的に1社所属になっているようなイメージをもっています。

沼田——カストディビジネスは資産を一元化するところに付加価値があるの

で、規制というよりは実務上の縛りが大きいと思います。最終的に銀行口座につながっているところの利便性が最も高くなりますしね。ただ、それでも預り資産の大きいRIAはより顧客本位なサービスの提供のため、複数カストディアンにしています。

(5) 金融サービス仲介業とIFAのビジネスモデル

大原——日本の金融商品仲介業制度は、IFAが複数のプラットフォーマーに所属することが可能なので、預り資産の残高や取引データのアグリケーションさえできてしまえば、結構便利な仕組みだと思っています。

　一方、所属制であるがゆえに、複数社に所属するとそのコンプライアンス監督をすべてから受けなければならないので、その対応が非常に煩雑だという意見も聞かれます。

　それを解決するのが金融サービス仲介業だと思うんですが、実際にはオフラインの世界ではあまり使われず、主にオンラインの事業者向けの制度かなという印象をもっています。中小規模のIFAがコンプライアンス業務を自前でやるとか、損害賠償責任を負うのは現実的にはむずかしいと考えています。お客様により良いサービスを提供するためには、より多くのプラットフォーマーと業務委託契約を締結するほうがよいでしょうが、従来の金融商品仲介業制度でも、新しい金融サービス仲介業制度でも、中小規模のIFAにとっては、なかなかその理想に一足飛びに行くことはむずかしいように思います。

野尻——「所属制」というワーディングを変えられないかな。所属するから問題があるのであって、前提からすると個人の営業担当者が証券会社に所属するという発想に感じてしまうんですよ。

　たとえばIFAが特定の証券会社に所属するわけではないとすると、所属制という言葉を契約とか委託先とか、そういう議論ってできないのでしょ

うか。

　さらに、プラットフォーマーの業務をアンバンドリング（分解）して、いちばん重たいのはコンプライアンス業務だと思うので、これをサードパーティーがカバーできるスキームができたら、そこにみんな出すべきですよね。

大原──弊社はまさにそこがやりたいんですよね。

野尻──それをもっと大きく言いましょう。

大原──金融サービス仲介業制度では、所属制が採用されていないため、アドバイザーのコンプライアンス業務の外部委託には需要があると見込んでおり、弊社はその需要を引き受けたいと思っています。従来の金融商品仲介業制度では、所属制によってIFA側のコンプライアンス業務負担はそれほど大きくないので、そこまでの需要はないかもしれません。

沼田──コンプライアンスの監督をしなければならない証券会社から日本資産運用基盤にアウトソースするようなことはできないのでしょうか。

大原──たとえば、プラットフォーマーである委託証券会社が、だいこう証券ビジネス[15]のようなサードパーティーに、IFAに対するオンサイトのモニタリングを委託する等、そうしたアウトソースはすでに存在します。

沼田──そのコンプライアンスを行う事業者が、変則的な取引を検知すると自動的にアラートを出す、もしくは取引を一時止める、というツールをもてば、コンプライアンス負担は相当軽やかになりますよね。

15　株式会社だいこう証券ビジネスは1957年に創業、主に証券事業会社が行う事務を代行する事業を展開している。

日本のコンプライアンスは、人海戦術と紙の嵐というイメージがありますが、米国はコンプライアンス＝テクノロジーというイメージです。リスクベースで変則的な取引を精査できるようにツールで検知する、もしくはアドバイザーに応じてアクセス権を変える等、自動化の工夫が進んでいるように思えます。

大原——取引データの分析等はそのようなテクノロジー対応が機能しやすいかもしれませんね。一方、セミナーで使用するプレゼン資料の広告審査等は、テクノロジーで対応するのは少しむずかしいかもしれません。

野尻——コンプライアンス業務を外注できる最大の要素は効率化だけではなく、コンプライアンスの均一化も可能にできることだと思っていて、そのほうがより信頼度が高いはずですよね。

　あるレベル以上の商品・資料についてコンプライアンス上、お客様とのコミュニケーションのうえで問題ないかという視点で一定のレベル感でチェックできる人は相当知識のある人です。コンプライアンス業務の外注先があって、弁護士とか専門のスタッフとかがやればよいのであって、そうすると効率化だけではなく、便益を上げることもできる。

大原——そのために野尻さんのご提案のように、コンプライアンス等の高い専門性を必要とする業務は専門機関への外部委託を必須とすることにとどめ、金融商品仲介業契約の相手方である証券会社のみならず、その他サードパーティーに委託することができるようになると、実効的なアンバンドリングが進む気がします。

野尻——そうだと思う。だとしたら所属先を開示しなくてもいいってことですよね？

大原――取引先ってことですよね？

野尻――変な言い方だけど、たとえば私が自分の名刺を出すときに取引先の銀行はここですって出さない。同じことだと思うのですが。

大原――ただ、取引先銀行と取引するのはフィンウェル研究所だけですが、証券会社はお客様が直接取引する金融機関なので明記したほうがよいのでは？

野尻――そうか。金融商品仲介業だと仲介ビジネスだからね。

大原――お客様の本当の取引先になるので。

野尻――IFAは仲介ビジネス？

大原――仲介ビジネスですね。そこがまさに日本のIFAの大きな問題であり、今後の課題だと思うんです。「寄り添う」という耳障りの良い表現を使ったところで、契約的にはIFAの本当のお客様は業務を委託してくれるプラットフォーマーになる。IFAはそこからお金をいただいている立場であることが否定できない事実なんです。

野尻――もしそうなら究極的な言い方をすると送客ビジネスのまま。プラットフォーマーにお客様を預けていて、自分はお客様に本当に寄り添っていないことになる。それは変えないとマズイかもしれませんね。

大原――IFA自らが個人顧客との取引において主語になろうとすると、投資助言業者か投資運用業者になる必要があります。ただ、投資運用業者の場合、純資産（資本金）が5,000万円以上なければならないとか、それ以外

にも運用業務経験、コンプライアンス機能をもたないといけないなどの要件も多々あり、登録するだけでも容易ではありません。最近だと個人向け投資助言業の登録もハードルが相当上がっているため現実的ではないように感じています。

　投資運用・助言業のコンプライアンスのアウトソースは徐々にできてきているがまだ十分ではありません。法律上は弁護士も受任できるが、資産運用会社のコンプライアンス業務は、資産運用会社の実務がわかっていないとなかなか対応できません。実際にその辺りをしっかりと対応できるのは弊社を含めてまだ数社しか存在しないのが実情です。すごくプラットフォームの受け皿が少ないんです。

野尻——やっぱりむずかしいな。

大原——一歩一歩だと思います。

野尻——最終的に、お客様からみたときに、IFAにお金を預けている。証券会社ではなくて。そのIFAに預けているっていえるようになれるかが課題なのかな。

大原——実際はカストディとしての証券会社だけど、実感としてIFAに預けているってことですか。

野尻——たとえば、投資信託はどこにお金預けているのかって、最終的には信託銀行になりますよね。しかし信託銀行はあまり表に出てくることはない。だれも自分のもっている投資信託の信託銀行に関心はないですよね。そんなふうにならないかな。だいぶ遠いのでしょうか。

大原——私は金融商品仲介業という仕組み自体は悪くはないと思っていま

す。個人顧客との間に構造的に利益相反リスクを伴うという重要な問題は存在するものの、プラットフォーマーが面倒をみる仕組みがあり、アドバイザーの多様化も期待できると思っています。しかも、複数のプラットフォーマーへの所属も可能なので、特定の金融機関の方針に左右されず、中立的な立場でお客様に最適なサービスを提供することができます。

　ただ、せっかくの良い仕組みにもかかわらず、IFAの現場に魂が入っておらず、利益相反リスクを大きくする単なる商品売りになっているケースが少なくないことを残念に感じています。

野尻——市場WGに戻ってしまい恐縮ですが、顧客本位の業務運営として求められることを広げていこうとすると最終的にはディテール、細かいことになってしまうのではないかと気にし始めています。

　当初、顧客本位の業務運営はプリンシプルでやるので、"注"はないほうがいいんだという見方がありました。金融事業者が自分で考えてお客様にふさわしいシステムをつくりあげる自由度を担保するためだと理解していました。

　しかし、今回の市場WGでは１個１個コンプライ・オア・エクスプレインを求め、さらに"注"が増えていった。避けられないことだなと思う一方で、課題が出てくるたびにこうしていくと、どんどん大変になってしまう。結局、真綿で首をしめることになるのではないかと。そこで、これさえやってしまえば利益相反は起きないっていうものが必要になると感じています。その１つが事務代行報酬の一律化だと思っているのです。これと同じように、IFAの議論でも何か１つを入れれば、一気に適正なものになる、そんなものをつくらなければならないのではないでしょうか。

大原——そこは感覚的な表現になってしまうのですが、ポンポン細かいルールでつぶしても、コストでしかないのではないでしょうか。コストありきで顧客本位の業務運営の旗を振っても、だれも守らないように思います。

まさに投資信託の事務代行報酬の問題もそうですが、インセンティブ設計が大事だと考えます。こうすれば金融機関もハッピー、お客様もハッピーというWin-Winな柱が1本入るとおのずとベクトルは顧客本位の業務運営に向かっていくと思います。

　そのためには提供する付加価値や役務、それに対する対価をあらためて設計することが必要だと考えます。その代表例が、繰り返しで恐縮ですが、投資一任スキームによるアフターフォロー付加価値および役務の可視化、対価としての継続的なフィー収入の明確化だというのが私の考えです。

沼田──日本では、投資助言業との兼業はできても、投資運用業はIFAにとってハードルが高いじゃないですか。プラットフォーマーが資産運用会社を1つつくってそこにみんなが（IFAと証券会社の関係のように）「所属」するというのは、日本ではできないのでしょうか。

大原──というよりも日本はそれしかできないんです。米国RIAのような小規模投資運用業のハードルが高いので、楽天証券の「楽ラップ」のように投資一任契約の締結の媒介をIFAが担うというスキームが現実的にとりうる選択肢です。

野尻──いまひとつみえてないんだけれども、楽天証券がラップ口座をつくる？

大原──口座がどうというよりも、投資一任契約主体になるという意味です。楽天証券が個人顧客と投資一任契約を結んで、この投資一任契約の運営、運用ではなくアフターフォローとか、これをIFAに委託する。IFAはアフターフォローアドバイスの役割を担い、その付加価値に応じて、投資一任運用報酬の一部を収受するというスキームになります。

米国RIAのように、IFAが投資一任契約の主体として、個人顧客に投資一任サービスをすべて提供することができればベストなんでしょうが、それができるIFAは現実にはほぼ存在しません。でもプラットフォーマーが投資一任契約の主体になって、展開するとなると、金融商品仲介業者であれば、だれでもできます。

沼田──米国で証券外務員と投資顧問業を兼業するハイブリッド型独立系アドバイザーが広がったのは、アドバイザーが活用しやすい箱としての投資顧問会社を証券会社がつくるようになったからです。

大原──というと、米国でもプラットフォーマーがお客様と投資一任契約を結び、アドバイザーが仲介するというスキームなんですか。

沼田──米国のLPL（本書75頁参照）みたいな証券会社が、証券外務員型アドバイザーのために投資顧問会社を用意して、そこに所属させます。

大原──それは日本のスキームに近いですね。

沼田──当然チャールズ・シュワブ（本書80頁参照）もできるが、そこはやる気がない。

大原──チャールズ・シュワブはカストディなので、日本でいう受託銀行みたいなものということでしょうか。

沼田──実態はそのとおりです。彼らはオンライン証券なので、もともとは有価証券の注文執行と保護預りをしているという感覚でしたが、ポートフォリオ管理等の付加価値が増えたので、自らをカストディアンと呼んでいます。チャールズ・シュワブと投資顧問型アドバイザーの興隆に対抗す

る意味合いもあり、証券外務員型のアドバイザーを抱える証券会社が、投資顧問会社をつくってそこに彼らを所属させることで、投資一任サービスも提供するハイブリッド型のアドバイザーを広めました。

野尻——日本の場合だと、証券会社が資産運用会社をつくってそこにIFAが所属するということですか？

大原——正確には、証券会社は投資運用業者を兼業して、投資一任業を営むことができますので、資産運用子会社をつくる必要はなく、証券会社から直接IFAに投資一任契約の締結の媒介業務を委託することが可能です。

野尻——投資一任を受けることができる。

大原——そのとおりです。たとえば、楽天証券の登録をみると、第一種金融商品取引業登録に加えて、投資運用業の登録もしています。この投資運用業登録に基づいて、投資一任サービスを提供しています。

沼田——米国も証券会社による兼業は可能ですが、通常は投資顧問の別会社があります。ただしここは商品をもたず、あくまでもアセットアロケーションと商品のセレクション、モニタリングに特化することが多いです。独立系の年金コンサルティング会社というのがありますが、彼らをアドバイザーのために内製化しているイメージです。この業務を独立したサービスとして提供する機関が日本はまだ十分に育っていない。ここが強化されると目利きの専門性が高まり、中立性が担保されます。

大原——冒頭でも申し上げたように、これからは資産運用会社が個人向け投資一任機能をもつようになり、IFA等の仲介業者を通じて展開していくことを予想しています。ただ、資産運用会社は投資一任サービスの投資対象

となる投資信託商品の運用も行っていることが一般的であるため、プロダクト中立性の観点で証券会社等に比べてやや劣位にあるとも思っています。

　証券会社や信託銀行が投資一任サービスを運営する場合、自ら投資信託商品等をもたないため、プロダクト中立性を担保しやすいですし、そこへの信頼感を得やすいという優位性があると考えています。

野尻——いまひとつ飲み込めていない。飲み込めていない理由は何だろう？ポートフォリオのアロケーションを決めるマネージャーオブマネージャーみたいな機能がIFAにあれば、問題ないんじゃないかという理解が正しいのか。

　たとえば、資産運用会社のファンド2,000本のなかからIFAがアロケーションをつくることができれば、それでできますか。

大原——基本的なスキームでは、プラットフォーマーがポートフォリオ運用を担当し、IFAがお客様の資産運用アドバイスを担当するという役割分担になりますが、野尻さんのご質問は、IFAがポートフォリオ運用の助言をすればプロダクト中立性の問題も解決されるし、いいのではないかということでしょうか。

　ただ、多くのIFAはライフプランニングや資産運用アドバイスに関する高い専門性をもっていても、ポートフォリオ運用の専門性を有していないため、実際にはIFAがポートフォリオ運用の機能を担うのはむずかしいのではないかと思います。

　米国で足もと広がっている動きとして参考になるのは、プラットフォーマーがポートフォリオ運用の機能を担うという選択肢に加え、外部のモデルポートフォリオをアドバイザーや個人顧客が選択し、それをプラットフォーマーがポートフォリオ運用で実現するというスキームの広がりです。

この動きを突き詰めると、プラットフォームは投資一任機能を提供することが最も重要な役割となり、お客様に対するアドバイスの提供はIFA、ポートフォリオ運用は外部から自由に選べるようにするというのが1つの理想形なのかもしれません。

野尻——いま、その説明を受けてクリアになってきたのが、IFAはポートフォリオを組むことよりもお客様とのリレーションに重きを置いて、ポートフォリオ自身はポートフォリオをつくる会社とかに外注できる環境をつくる、という構造ですね。英国でのプラットフォーマーのサービスがそうしたことにシフトしてきているのを承知していましたが、こうして議論してより理解というか腹落ちしてきました。

大原——そこは同じ意見です。基礎となる契約はプラットフォーマーと個人顧客の間の投資一任契約ではあるものの、実際の資産運用アドバイスについては、外部機関が提供するモデルポートフォリオの選定も含め、ポートフォリオ運用もIFAがお客様に最適なものを提供するというのが理想的なように考えています。

野尻——投資一任を"お金を預けてあとはすべてお任せ"という意味ではないことを改めて認識する必要がありますね。それに、ちょっと言葉は悪いかもしれないけど、証券会社が前に出過ぎではないでしょうか。せっかくこれからつくりあげていくIFAとか新しいアドバイザーの業界が、よりフェアで効率的になるためにはコンプライアンスは外注、ポートフォリオ構築の機能も外注する。そしてエグゼキューション（取引執行）も証券会社に外注する。口座の管理も外注している。こういう関係の元締めがIFAで、IFAはお客様との関係に注力する。ここまで外部を活用できたら、個人事業者でもできる。

大原——その意味するところは、ファンドマネジメントカンパニーみたいな
　ハブ機能をIFAがもつということだと思いますが、日本のIFAは金融商品
　仲介業という登録のみではその役割を担うことはできません。疑似ハブと
　して実質的にお客様にとってベストな提案をコントロールすることが現実
　的な解になると思います。

野尻——IFAのあるべき姿として何のアドバイスをすべきなのでしょうか。
　家計全体のアドバイスをするとか。
　　プランニングはお客様とIFAだけでできるのだけれど、それを具現化す
　るにはプロを使わなければいけない。ポートフォリオ構築だったり、エグ
　ゼキューション（取引執行）だったりを外注すると、本当の意味でお客様
　は自分のお金をIFAに預けていますと言えるような気がしているんですけ
　ど。
　　究極そこにいくべきだと思っているんですけれど、いま、大半の部分を
　大手オンライン証券がやって、IFAは大手オンライン証券に所属するよう
　になっている。

大原——たしかに、あるべきアドバイザーの姿は、お客様に寄り添う存在で
　すから、すべての設計をやるというのが理想ですね。法律上はその機能を
　もちえないけれど、実質的なコントロールタワーとしてやってほしいと思
　います。

野尻——それを法律で近づけることができるのか、実務で近づけられるの
　かってところが、本当に困るなと。私も自分の年齢を考えると、そろそろ
　だれかにお金の管理をお願いしたいが、預けられる人がいるのか。それっ
　てIFA法人に預けたいわけではなく。IFA法人の○○さんに預けたいけ
　ど、どうすればいいのか。

大原——私見ですが、そういうふうにもっていくトリガーは、もし法律改正のハードルが高いとすると、ビジネス構造の変化でIFAが主導権をもつということではないかと考えます。お客様に信頼されているIFAに嫌われたら、証券会社などのプラットフォーマーは困るので、法律上はIFAが権限をもっているわけでは決してないんだけれども、実質的にはお客様の代理人かのように資産管理の主導権をもつ。こうした流れは起きつつあるように感じています。

野尻——だからこそ、大事なことはIFAがどうしてもやらなければならないこと以外をアウトソースする道をつくることなんじゃないでしょうか。口座管理機能とエグゼキューション（取引執行）の機能のほかに、さっきの議論だけど、コンプライアンスを外注できないかと。

大原——ただ、IFAはコンプライアンスを含めて業務運営の指導を証券会社等のプラットフォーマーにすでにしてもらっているので、追加的にコストをかけてコンプライアンス業務を外部委託するということはしないように思います。

野尻——IFAの必要なものを提供するというところがいっぱいあるといいですね。

大原——たとえば、小規模のIFAが証券会社からコンプライアンスの指導を受けるものの、それすら何を言われているかわからなかったり、再発防止策を作れなかったりとかはままあり、そこまでは証券会社も面倒をみてくれないので、その部分を外部機関にサポートを依頼するというのはあるかもしれません。それだと細かいのでビジネスにならないけど、そこは既存IFAにとっても外部委託ニーズがあるようにも思います。

沼田——やはり、これさえ導入していれば、どこの証券会社にもこれ以上のことをやれとは言われませんよ、というコンプライアンスツールがあるといいですね。

大原——先ほども話に出ましたが、金融商品仲介業の所属制の傘のもとだと、コンプライアンス業務のアウトソースのニーズはあまりないように思います。金融サービス仲介業だと所属制が採用されていないので、コンプライアンスは仲介業者側が自前でやらなければならない。そうなるとアウトソースニーズは出てくるように予想しています。

野尻——金融サービス仲介業がスタートする方向ですが、これをうまく利用できないだろうか。批判もあるだろうが、実際に使われないのではもったいない。IFAの拡大につなげる手は何かないでしょうか。

大原——オンラインの世界では金融サービス仲介業の活用は可能性があるように予想しています。投信販売機能をAPI化し、金融サービス仲介業者向けに開放しようとしているauカブコム証券のWebカンファレンスに登壇する機会がつい最近あったんですが、フィンテック企業や事業会社、地域金融機関等、100人以上が参加しており、関心の強さを感じました。
　オンライン事業者がその顧客基盤に対して金融商品・サービスの仲介を行う場合、可能な限り多くのプラットフォーマーと接続することが顧客利便性につながると思われます。ただ、多くのプラットフォーマーと従来の金融商品仲介業制度で接続すると、すべてのプラットフォーマーのコンプライアンス指導に対応するのが煩雑すぎるので、所属制のない金融サービス仲介業が選好されるように予想しています。
　一方、オフライン、従来型のIFAの場合には、複数所属が広がるといっても２～５社程度の所属がほとんどになるのではないかと予想しており、そうなると対応コストが多少増えても面倒をみてくれる所属制のほうがメ

リットが大きいので、金融サービス仲介業制度は広がらないように思います。唯一広がる可能性があるとすると、証券と保険は従来の金融商品仲介業でよいが、銀行代理は住宅ローンしかやらないから金融サービス仲介業でやるとか、そういう組合せはあるかもしれません。

野尻──1社が金融商品仲介業と金融サービス仲介業の両方やれるの？

大原──同じ業態の仲介の重複は認められませんが、重複がなければ1社が両方できます。

野尻──金融サービス仲介業がオンラインならできるとはどういう意味ですか？

大原──オンラインの世界で、金融サービス仲介業という制度が使いやすいのではないかという見立てです。

野尻──それで、IFAのビジネスモデルとはどういう関係がある？

大原──そこにはIFAは直接絡みません。YahooとかAmazonみたいなところは、そのサイトにいってワンストップで発注できます。そういった機能が金融サービス仲介業だと思うんですが、Amazonで連携先が、証券会社1社だと話にならない。

　そのときの連携先は何十社もあるべきだと思います。でもAmazonが何十社ものコンプライアンスに対応することは面倒だと思うので、金融サービス仲介業は親和性が高いと思うという意味です。

野尻──いわゆるGAFAとかが、参入しやすいというところで、とどまっている？

大原——とどまっていると思います。あとはせいぜい、既存のIFAが銀行代理業に事業を拡大する際に使うくらいかなと個人的には予想しています。

野尻——なるほど。それは英国ではIFAを介さないファンドプラットフォームがあるので、それに似たものになるのかもしれないですね。

大原——フィンテック企業とかは金融サービス仲介業スキームを活用した事業化に頑張っているようです。

野尻——何か、フィンテック企業の関係者に聞くと、評判が良くなかったようなんですけど。

大原——たしかに使い勝手は悪いという噂は聞きます。ただ、フィンテック企業にとって、金融商品仲介業に比べるとまだ良いのではないでしょうか。ベストではなくベターといった感じ。

沼田——おっしゃるとおり、実質的に証券と保険しか扱ってこなかったIFAがあらゆる金融サービスをひと通り扱えるようになるメリットは大きいと思います。ファイナンシャルプランニング型のアドバイスに一歩近づいていきます。

大原——やはり住宅ローンを取り扱うことは重要なのではないでしょうか。個人の資産計画策定において、住宅ローンは重要な構成要素であるにもかかわらず、その住宅ローンの取扱いはできないので、オンライン銀行にいってくださいということだと、IFAの儲けにならないので。

沼田——ファイナンシャルプランニングの観点からは、住宅ローンはその金額から考えて絶対入っていなければいけません。そのデータがIFAの手元

にある意義が大きいと思います。

大原──相続とか二世代ファイナンシャルプランニングとかを考えると、親のもっている有価証券を担保に借入れするような提案も必要になると思われます。その時にも銀行代理業が必要になるのではないでしょうか。

沼田──そうすると二世代にわたってライフプランニングができます。これは、二世代のデータをもっている特定のIFAでなければできないサービスになります。

大原──高齢者のライフプランニングは相続も入ってこざるをえないし、贈与とか無担保ローン、リバースモーゲージとか提案しやすくなります。楽観的な見方かもしれませんが、既存のIFAにとっても、銀行代理業の兼業がしやすい金融サービス仲介業は悪くはないといえるかもしれません。

野尻──金融サービス仲介業はプラスかといえばプラスなんでしょうけど、IFAの新しいビジネスモデルとして、使おうとするとやはりまだ課題は多いという気がしてきますね。たしかに住宅ローンは大切だから、そういう使い方ができるのはわかるのですけど。ところでこれ決済機能はあるのでしょうか。

　アドバイザーとしてあるべき姿だとすれば、そこには決済機能があってもいいようなという気がしています。いちばんほしいのはすべての資産・負債が載っている毎月のステートメント（明細書）。

　住宅ローンの返済状況、預金残高、資産と負債のアロケーション（割合）はどうなっているとか。それがIFAの名前で管理されて、自分が把握できるといった姿があればいいんですけど。

大原──金融サービス仲介業が営みうる業務には、従来の銀行代理業務の一

部である為替取引を内容とする契約の締結の媒介が入っているため、決済
や送金も含まれると理解しています。銀行に預け入れている資産や借入
ローンの残高等のステートメントについては、銀行の委託を受ける金融
サービス仲介業の業務として行えると思います。

沼田——米国で暮らし、証券総合口座を生活口座にしていたときに感じてい
たことがあります。証券会社から毎月の取引明細書を受け取るのですが、
忙しいと自分の資産残高の合計額だけをみて、前月と大きく変化していな
ければよしとしてしまっていました。

　生活口座なので、キャッシュの出し入れが多く、これが残高を大きく左
右するので、投資商品のパフォーマンスが良いのか悪いのか、わかりにく
くなっていました。つまり生活口座も含めて包括的にみていくと、パ
フォーマンスだけで一喜一憂しなくなるのではないかと思っています。

野尻——家計簿アプリをみていて、この状況ならだいたいいいよね、って感
じ？

大原——もしかすると決済機能そのものをもたなくてもアグリケーション
データをもてればいいのかもしれないですね。

野尻——IFAがそれをやるっていうのは負荷の高いことなのかな？

大原——銀行の預金や住宅ローンという範囲でいうと、銀行代理業許可もし
くは金融サービス業登録があればステートメント自体はIFAが対応できる
と思います。それが複数の銀行にまたがるデータになると、アグリゲー
ションツールが必要にはなると思いますが。

野尻——たとえば、１つひとつ銀行と契約を結んで、送信することを認めま

す、みたいなのをIFAがやるのは大変な作業。家計簿アプリのような機能をIFAがもてるようになるだけで、ずいぶん違うと思います。

大原——それは、金融サービス仲介業で、お客様が利用する銀行と業務委託契約関係にあれば、できると思います。ただ、たとえば全国の津々浦々の地域銀行50行と業務委託契約を結ぶかというと現実的ではないので、データアグリゲーションステートメントということだと、マネーフォワードなどの大手フィンテック企業の役割になると思います。そうなると銀行のために活動する金融サービス仲介業ではなく、お客様のために活動する電子決済等代行業者という差はありますが。

野尻——その場合は、銀行などと契約を結ばないといけないが、IFAがお客様の口座内容などをみることができますか。

沼田——それができると包括的なアドバイスができるようになりますね。

大原——金融サービス仲介業者として銀行と業務委託契約を締結していれば、お客様の口座内容を把握することは可能です。従来のIFAは、銀行代理業許可の負担が重く、そのライセンスがなかったので、銀行の委託を受けたアドバイスというのはできなかったんですね。

野尻——たとえば、マネーフォワードのような、金融機関の口座情報をつないだ家計簿アプリが銀行代理業をできるようになれば。それとも何か特別な登録がないとできないのでしょうか。

大原——マネーフォワードのような家計簿アプリは、電子決済等代行業に基づいたサービスですね。これまでのマネーフォワードは顧客の委託を受けた電子決済等代行業者として、金融機関に預け入れている資産残高等の閲

覧はできたが、金融機関の委託を受けた金融商品販売等の仲介はできませんでした。そこは金融商品仲介もしくは金融サービス仲介の世界ですね。

野尻――自分がほしいのはそこだと思う。より簡単にしたいし、妻もみることができるようにしたりするとか、そういう議論を1つひとつ解決していけたらいいな。そしていちばん大切なのはIFAも含めて信用してお金を預けるところができることです。

大原――どこまでの金融商品やサービスが金融サービス仲介業で取扱可能かは、今後制定される政令の内容によりますが、使い勝手がいいとよいなと思います。

沼田――米国だとマネーフォワードの家計簿アプリみたいなサービスが、個人向けにもIFA向けにもあります。つまり、両者とも一元化されたデータをもとに計画を立てることに慣れてきています。両者間に信頼があれば、同じデータをみながら相談するのが理想的です。

　顧客個人が、アプリのアクセス権を変えたりもできるので、会計士には中身を全部みせるけど、IFAはまだ付き合いが浅いから一部しかみせないとすることも可能で、便利だと思います。

⑹　日本のプラットフォーマーがこれから向かう先

大原――投資一任では取引執行までできる一方、投資助言だとお客様が取引執行しなければならないという差があり、顧客利便性等の観点から、私は今後の資産運用アドバイスに用いるスキームとしては投資一任が主流になると予想しています。

　野尻さんにお聞きしたいのですが、英国では、プラットフォーム経由の

フィー徴収は90%くらいあります。これは投資一任スキーム内で徴収されているということなのでしょうか。それとも投資助言の徴収代行ということなのでしょうか。

野尻──英国の金融当局が公表しているデータには、原則一任勘定分は含まれていないと思っていいでしょう。英国のIFAのビジネスは、そのほとんどがアドバイスを提供するだけです。

大原──投資助言スキームの利用割合が大半だとすると、資産運用アドバイスをしたあと、お客様がそのアドバイスに基づいて執行ボタンをポチポチするというイメージなんでしょうか。

野尻──そう考えていいですね。ただ、まったく投資一任がないというわけではないようです。IFAがそういうサービスを提供する金融機関を使うようにアドバイスをするというかたちで紹介をすると聞いています。

大原──なぜ、この問題意識に至ったかという背景を説明すると、投資信託には個別の顧客に対するアドバイス役務を約款等で定義することを想定していないので、アドバイスの機能を役務として明確にするためには投資一任もしくは投資助言スキームがよいと考えているということはこれまでも何回か申し上げてきたとおりです。

　ただ、投資助言は取引執行をお客様が自ら行わなければならず、利便性の点で劣位にあるため、やはり投資一任スキームが優位なのではないだろうかという仮説を立て、エビデンスを米国と英国に求めたら、米国のRIAは投資顧問業だが91.4%が投資一任で、残りの8.6%が投資助言というデータをとることができました。

　一方、英国はペイメントのプラットフォーム経由データをとった。すると約90%がペイメントのプラットフォーム経由、残りの約10%が顧客から

直接というデータがあり、この10％が投資助言ということなんだろうと推測したんですね。ただ、約90％のペイメントのプラットフォーム内に投資一任と投資助言の徴収代行がどれくらいの割合で混ざっているのか、日本からデータを得ようとしたが、なかなか確認できなかったんです。

野尻──正確な比率はわからないが、現地に聞いてみると大半がアドバイス提供、すなわち投資助言だとのことです。

大原──そもそもないということではないんですよね。

　本書にアドバイスとガイダンスの定義（本書170頁参照）がされていましたが、あのアドバイスの定義だけみると、IFAは助言しかしないような印象も受けます。ただ、英国に投資一任が存在しないわけではないので、その辺りどうなんでしょう。

野尻──いや、あります。現地でいうWealth Management firmがそうした投資一任を受けていて、IFAがお客様の求めに応じてそうした金融機関を紹介しています。

大原──これは、2021年春に投資助言型のアドバイスをやる大手外資系証券会社のビジネスモデルに関係していて、そこの担当者とディスカッションさせていただいた際、私の仮説は投資一任スキーム有意仮説、彼らは投資助言スキーム優位仮説で、社会実験的には両方必要なのでぜひやりましょうということで盛り上がったのですが、その時に英国や米国はどうなのだろうという話になったんですね。

野尻──投資一任なのか投資助言なのかって議論は、英国ではWealth ManagementとIFAとの区別とみてもいいのではないでしょうか。

沼田——米国のRIAは、ほぼすべてが投資一任で、執行権があるのは当然の
　　ことです。RIAの投資助言が最近でてきていますが、これは企業型確定拠
　　出年金の投資教育およびその延長線上のアドバイス等です。

大原——RIA受託残高のほとんどが投資一任スキームである米国とは異な
　　り、英国はその大半がペイメントプラットフォームを使っているが、投資
　　助言業の代行徴収ということなんですね。

沼田——リバランスのための取引まで、いちいち承認をとる必要はないと考
　　えるお客様もいると思うので、投資一任契約にしておいたほうが便利で
　　す。ただし、投資一任だからといって、全面的にアドバイザーに任せなけ
　　ればいけないわけでもありません。投資一任契約にしておいて、ただしこ
　　ういうときは事前に承認をとる、もしくはこういうことはやらない、と個
　　別に取り決められるようにするだけで、選択肢がとても広がります。

野尻——データとしてはIFA経由のところは投資助言なので、あえて投資助
　　言なのか、投資一任なのかという区分がなかったんですね。
　　　ただ、英国の投信協会（The Investment Association）の公表データによ
　　ると、2019年の投資信託グロスセールスの9.5%ほどが投資一任勘定での
　　販売とされています。なので決して少なくない比率ですね。

沼田——ちょっと話がそれますが、投資一任というと日本はIFAに限らず、
　　アドバイザーにとってはきわめてハードルが高いです。
　　　一方で欧米では、現代型投資一任サービスが普及するはるか前から、類
　　似のサービスはプライベートバンカー等が当たり前に提供してきました。
　　このハードルを高いまま、サービスを硬直的なままにしていると、いつま
　　でたっても富裕層市場で競合しづらい状態が続いてしまいます。

大原——2015年くらいに大手オンライン証券などが小規模投資運用業の新設を求めたが、うまくいかなかったということがありました。私は東京都の「国際金融都市・東京」構想のお手伝いをしていて、投資運用業登録や運営のご支援もしていますが、小規模事業者が投資運用業を営むのはなかなかむずかしいと実感しています。

(7) IFAの本当の役割とは

大原——私は、あまり賛同は得られないかもしれませんが、一般生活者は金融リテラシーって上げなくていいと思っています。

　金融機関は高い専門性をもち、お客様のサポートをするエージェントとしてお客様の役割を全部引き受ける立場であるにもかかわらず、資産運用サービスが普及しない原因をお客様の金融リテラシー不足に求めているように感じます。

　お客様が最低限もっていなければいけない金融リテラシーは一般的な金融・資産運用の知識ではなく、お客様それぞれ、たとえば私の場合では、大原家の資産計画とは何ぞやという個別解に必要なことだけではないかという気がします。

　つまり、世間一般ではそうかもしれないけどわが家にとってどうなんだと。幅広く、高い金融専門性をもって、お客様の個別解を一緒に探るということが、金融機関やIFAに求められる役割だと思います。

野尻——金融リテラシーっていうのは失敗をするほど向上するものなんじゃないかと思うんです。私の息子と私を比べたとき、私のほうが絶対に金融リテラシーが高いと思うんです。

　なぜなら、倒産した会社に勤務していたとか、自社株が紙切れになったとか、そういうのが積み重なっている。あるアンケート調査では、客観的なデータとして年齢が上がるほど金融リテラシーも上がることが知られて

います。

　それにあわせて本人の金融リテラシーに対する自己評価も上がる。年齢が上がって、60歳代くらいまでは、金融リテラシーは上がるが、そこから徐々に上がらなくなる、いや下がるかもしれない。ところが、本人の自己評価は上がり続ける、または高いままになりがちです。いちばん厄介だと思ったのは、このギャップが広がること。すなわち高齢になってからの自分の金融リテラシーに対する自信過剰ではないかと思います。客観的な金融リテラシーの評価に対して、自己評価が上回ってしまうこと。実はこれは若い人にも多いように思う。金融リテラシーに対する自信過剰度が高いと、詐欺被害にあう率が高いという結果も出ています。

大原・沼田──すごく興味深い。

野尻──IFAの役割でコーチングが大切ってよく言うんですが、単にマーケットが変動する折に「売らないでくださいよ」みたいなものだけではないと思う。

　いかに、お客様の金融リテラシーを正確に評価して、自身が思っているほど高くなければ、それをコミュニケートできる人がいまから大事になる。これが超高齢社会のIFAになると思っています。

　だから、金融リテラシーを上げるというよりは、正しく評価してくれたり、信頼してくれたりすることが大事。

　「いやいやお客様、だんだん判断能力が低下しているから金融取引は無茶しないでくださいね」ってIFAが言ってくれるのであれば、金融リテラシーを上げることは必要ではない。大原さんが言うとおり、金融リテラシーを上げるのが仕事ではないように思う。

　私の金融リテラシーがどれくらいあるのか評価してくれることが大切であるという気がします。

大原──たとえば、自分は老後にのんびりした生活はどうでもよく、とにかく可能な限り働き続けたい、だから死ぬまで生活費は自分で稼ぎますよという人生観のお客様に対しては、一般的な老後資金の形成という考え方や、そのための幅広い金融リテラシーは必要ないんじゃないかと思います。

　あなたが一生働き続けたいということであれば、必要な金融サービスは資産運用というよりも、万が一働けなくなった場合の保険ですねなど、お客様の人生観や人生設計にカスタマイズしたアドバイスをしてくれ、その人に必要なリテラシーを評価し、適切に備えるサポートをしてくれるアドバイザーこそが必要なんだと思います。

　顧客へのメッセージとしては、金融理論の勉強とか一般的な幅広い金融リテラシーを高めることに労力を使うよりは、自分の人生の優先度とか人生設計を深く理解してくれるIFAをアドバイザーにしましょうということではないか、そんな気がしています。

野尻──どういうIFAを選ぶべきかを考えるときに、マーケットの乱高下が激しくなったのでとか、相場が５％動いたので、といったきっかけから次の行動をアドバイスするみたいなことは特に大切ではないように感じます。

沼田──失敗したときにリテラシーが上がるという考え方に賛成です。米国では失敗したとき、困ったときに電話をかける先があります。

　それこそ地域密着型のアドバイザーや家族ぐるみでつきあっているアドバイザー、コールセンターからアドバイスをしてくれるアドバイザー等がこれに当たります。

　日本では自分の基本的な情報を把握してくれていて、失敗や困難に直面した瞬間に、この場合どうすれば解決できるか、を相談できるところがなかなかないので、アドバイザーとの会話がリテラシーを上げる機会につな

がりにくいと考えています。コールセンターは受け身の質問対応に徹していて、支店並みの専門知識をもった人がアドバイスをする場という位置づけにはなっていませんし。だからこの役割をIFAに期待したいと考えています。IFAであれば、業務内容の柔軟性が高いので、金融リテラシーを上げることを役務に入れることも可能ではないかと思います。

IFAの存在意義は、お客様を賢くすることであると位置づけてみてはどうでしょう。たとえば、普通は1時間の説明で理解できることが10時間の説明を聞かなければわからない人もいるでしょう。そのなかには、自分が賢くなるのであれば、10時間分の対価を払ってもよいと考える人もいるのではないでしょうか。これだけ教育産業が発達している国ですし。

大原──沼田さんがおっしゃったように、困ったときに電話をかける存在にはお金を払うような気がします。

私は、中小企業のオーナー経営者で、個人の家計と会社財務が密接不可分という事情もあるので、ファイナンシャルアドバイザーに期待しているのは大原家の住宅ローンとかの話ではなくて、会社が成長資金を必要としているときに解決策を一緒に考えてくれるという存在であり、その時に経営とか事業が目指すべきところもツーカーでわかってくれているとありがたいです。

こういうときに「資産・負債バランスのあるべき比率は」とか教科書的なアドバイスは意味がないし、まったく求めていません。「事業はいまこんな段階だから、アクセル踏んでいきましょう」と、弊社にとっての最適な個別解を一緒に考えてくれるアドバイザーこそが必要なんだとつくづく思います。

野尻──単純に学びにお金を払うかと言われるとちょっと考えてしまいます。でもそのロジックなら顧客側からするといいはずですね。ただIFAのビジネスモデル、日本におけるIFA業界を考えるときに、かなり多くの

IFAが必要になると考えています。お金をもっている人だけでなく、普通の人がIFAの機能を利用することができるようになるためには日本でも相当たくさんのIFAが必要と思います。

　日本のIFAビジネスはコンビニと同じくらい必要なのではないか、たとえば５万人とか。英国には2.7万人のアドバイザーがいます。個人金融資産や人口を考慮すると、時にはその２倍くらいのIFAが必要かと。それくらいいれば、必要な地方にもそうしたサービスが広がるはずだと思います。そのためには１人でも開業できて、それを支えるプラットフォーマーとかの環境が整う必要があります。その議論の行き着く先は、普通の人たちのちょっとした質問に答えて、アドバイザーとしてフィーがとれる。

　そう思う一方で、それって本当にできるのかなと、自問もしている。お金をもっている人たちの考え方と普通の人たちがIFAを利用できる素地みたいなものは、だいぶ違うのかなという気がしていて。

大原──その連立方程式を折り合わせるものは価格だと思います。普通の人が使うためには低価格化が必要で、ただこれが進むとIFAのビジネスが成り立ちません。

　２つの意味で役割分担が必要だと思うのは、何でもかんでも１人でできるスーパーマンはいないので、IFA事業者内ではチーム制が、そして業界内では特化型が増えていくと思っています。

　また私の例で恐縮ですが、一生働き続けたいという人生観をもっている私が稼ぎ手であるわが家に必要なのは投資信託ではなく保険商品に関するアドバイスに強いアドバイザーですし、会社経営者である私の立場で言うと、現在のスタートアップ局面だと借入れはむずかしいので借入れに強いアドバイザーは選ばず、株式による調達に強いアドバイザーをパートナーとしてお願いしています。

　有名なIFAだから選ぶのではなく、自分の人生観や人生設計には、こういうアドバイザーが必要だと、その程度の金融リテラシーは必要かもしれ

ませんね。

野尻——英国だとボランティアで、お金のアドバイスをする人たちがいる。
お金のことを相談できる人が地域ごとにいます。

　たとえば、ボランティアにお金の相談ができ、金融機関に行かなくても
相談に乗ってくれる。

　英国では、確定拠出年金の引出しに際して、政府が無償で投資ガイダン
スをするサービスが2015年にできました。すごく古いビルにあるその相談
窓口の組織に取材したときスタッフの年齢が高いことに驚きました。退職
された人がボランティアで参加される人が多くて、もちろんなかには現役
の保険会社の人が自分のボランティアの時間を使ってやっていたりもして
いました。

　そういう組織や機能が社会のどこかにあると、これが金融リテラシーを
上げるといった議論ではなくて、普通の人がお金に困ったときに相談しに
行けるところがあれば、お金のことを考える必要性を感じるようになって
いくと思うんですけど。

大原——そうなると金融リテラシーを高めなくても利用できますね。

野尻——そう。本質的には金融リテラシーを上げるか上げないかっていう議
論は、トラブルが起きたときに解決策を1つひとつ得ることが大切で、そ
ういう機能が社会としてあったらおもしろい。

大原——お客様の人生設計を聞いて、あなたにはこのアドバイザーが適任み
たいなサポートができるのはよいですね。

野尻——アドバイザーの選び方っていうのが英国は財務省のホームページに
あります。お客様がどのようなアドバイザーを選んだらいいかわからない

ときに、アクセスする。決して財務省のホームページではこの人がいいとは言わないんですけれど、そのときにどういう要件をクリアするといいですよっていう基準みたいのがあれば、それこそ、投資助言業で変なところを選ばないですむと思いませんか。

沼田──そう意味では、IFAの顧客としては中堅・中小企業オーナーが適しているのではないかと思っています。日本のIFAは個人向けサービスに注力している方が多いですが、米国のアドバイザーのサービスはもう少し幅広いです。彼らの優良顧客には中堅・中小企業オーナーが多いです。

　そしてアドバイザーは、オーナーたちのお金に関する意思決定はすべて自分がワンストップで支援します、という立ち位置を目指します。オーナーたちの頭のなかに公私の線引きがなされていない以上、IFAは事業にかかわる金融の提案も求められるからです。さらに、そういうアドバイザーが地方にも多数散らばっていて、個人金融資産にかかわらず、事業面でも企業金融や資産運用の専門的なアドバイスを提供します。

野尻──IFAが中小企業オーナーをお客様にするってありですよね。

大原──これはあるフィンテック企業の経営者が常々言っていることなんですが、これからの資産運用アドバイス事業の領域では、PB（プライベートバンク）プラスIB（インベストメントバンク）、PBプラスITが重要になると。

　つまり、PBプラスIBは、会社財務と家計が一体化している中小企業オーナーのような顧客向けで、アドバイス内容も相応に幅広く、手数料水準も厚くする。一方、一般の人にはアドバイス提供を事業として成立させるよう効率的に行うために、PBプラスITでやる。まさにそういう方向に進むのだろうなという気がしています。

野尻──やっぱり中小企業オーナーとかは本気で悩んでいて、それをカバー

するのが銀行だったり証券会社だったりするけれども、IFAがちゃんとできるようになったら、規模的にもさらに広がるかもしれない。

　もちろん目的はそこにはないが。目的は広くアドバイスをするっていうこと。そこに至るプロセスとして差し当たり中小企業オーナーだよね。

大原——それだったら、私個人的にもIFAにお願いしたいというイメージが強くなりますね。家計だけでは必要とするイメージが湧かないですが、会社財務も一体的にアドバイスしてくれるのであれば。

野尻——自分も会社をつくっているので、保険の売り込みがあります。退職金のために、保険どうですかと。だけど会社はまだ私にお給料を払ってくれるところまでいってない。退職金規定つくると、どうやってもその金額はゼロ円。給料ゼロだから。会社で保険に加入して私に払うのなら、それって会社解散するしかない。そういう議論をできる人が少ない。

　中小企業オーナー、いいね。それをターゲットにして。差し当たりファーストステップですね。

沼田——リテラシーというと、個人の金融知識向上というイメージがありますが、中堅・中小企業オーナーの直接金融にかかわるリテラシーがもっと上がるといいと思っています。具体的にはコーポレートガバナンスと従業員の福利厚生としての年金にかかわるリテラシーです。この2つをきちんとやることは、経営者の責務だと思っているのですが、大企業との差や都市部との地域間格差が大きいと感じています。そしてその理由の1つに、情報格差というか、リテラシー格差があるように思います。

大原———般生活者はお金のことを考えるのが嫌いだけど、中小企業オーナーは24時間お金のことを考えているので、ニーズはある気がします。

沼田──できれば福利厚生の一貫である年金のことも考えてほしいです。米国をみていると身近にコーポレートガバナンスと年金にかかわる相談ができるアドバイザーがいるからこの2つの考え方が浸透していますが、日本ではまだ広める余地があります。ゆえに確定拠出年金の導入も大企業にとどまっています。

大原──社員向け福利厚生もコーポレートガバナンスも煩わしいものでしかないと感じる中小企業のオーナー経営者は少なくないように感じますが、IFAが入ることにより、客観的なアドバイスを受けることで、コーポレートガバナンスや社員向け福利厚生等が、オーナー経営者の利益とうまく整合するように設計することができるかもしれませんね。

野尻──IFAが中小企業のCFO（最高財務責任者）ですね？

沼田──まさにCFO。米国のアドバイザーは、自分はお客様のCFOだとよくおっしゃっています。

野尻──それきっとイデコプラス[16]の制度導入を促すツボになるかもしれません。IFAの活動の一環としてイデコプラスが大事ですよとなれば、それはそれで、証券会社やIFAのプラスになる。

沼田──そうなれば、少し飛躍しすぎかもしれないですが、中堅・中小企業オーナーの自分の個人資産の運用方法と、責務としてかかわる年金の運用方法は異なってくると思います。個人金融資産は好きなように運用すれば

16　iDeCo＋（イデコプラス・中小事業主掛金納付制度）とは、企業年金（企業型確定拠出年金、確定給付企業年金、厚生年金基金）を実施していない従業員100人以下の中小企業の事業主が、iDeCoに加入している従業員が拠出する加入者掛け金に追加して、掛け金を拠出できる制度。

いいですが、事業性資産は説明責任を果たしやすいように運用すると思いますので。

　これにあわせて、IFAも同じお客様の個人資産と事業性資産で、アドバイスの中身を変えられるようになれば、お金に色がつきます。IFAがお金に色をつければ、お客様も投資目的が異なる資産を安心して預けられるようになり、預り資産が増えるきっかけになるのではないでしょうか。

大原——それは実感としてわかります。

沼田——ツボはコーポレートガバナンスだと思います。株主からみた取締役、加入者からみた年金のスポンサーとしての事業主はいずれも受託者責任を負っています。これが何であり、その責務を果たすためにどう行動をしなければならないか、ということを、身をもって知っている地域密着型の「個人向けの」IFA（受託者責任の日本版ともいえる顧客本位の業務運営原則に従って行動している専門家）が、アドバイスを通じて伝えていくようになればいいと思っています。

（左から大原啓一氏、沼田優子氏、野尻哲史氏、
2020年8月1日きんざい本社ビルにて撮影）

第 **2** 章

米国の
アドバイザー

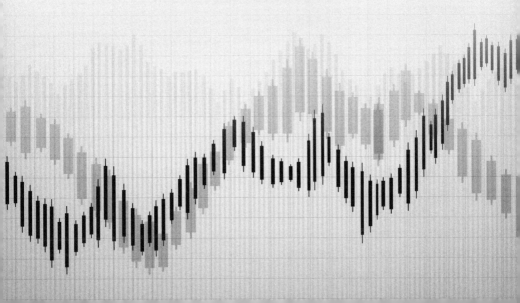

1 米国独立系アドバイザーの位置づけ

(1) 米国独立系アドバイザー経済圏

　米国では、独立系アドバイザー（Independent Financial Advisors[1]、ただし米国ではIFAという呼称は一般的ではない）を中心に、彼らに注文執行・資産管理（カストディアン）機能を提供する証券業者、商品を提供する運用業者、経営・営業支援機能を提供する各種業者、協会、規制当局等で、一大経済圏（エコシステム）を構築している（**図表2-1**）。

　というのも独立系アドバイザーが個人向け証券チャネルに占める人数比は4割を超え、米国では最大勢力を誇る[2]。

図表2-1　米国独立系アドバイザー経済圏

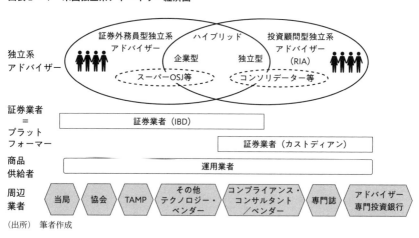

（出所）　筆者作成

1　米国では投資顧問業者法Investment Advisers Act of 1940等のAdviserは "e" であるが、一般には "o" を使う。本書では原典どおりに表記しているため、"e" と "o" が混在している。

2　LPL Financial. "2019 Annual Report." (2019).

図表 2 - 2　米国の営業担当者シェア

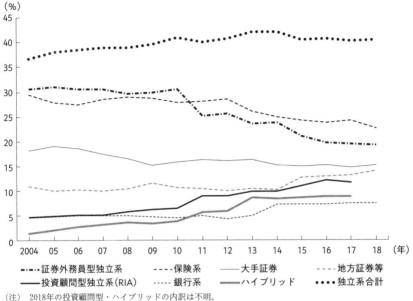

（注）　2018年の投資顧問型・ハイブリッドの内訳は不明。
（出所）　LPL Financial. "LPL Annual Report." (2013-2018) 等より筆者作成

　一方で伝統的に独立系アドバイザーの供給源となっていた大手証券は、2006年の19％から2018年の15％へとシェアを落としてきた（**図表 2 - 2**）。

　しかし小規模アドバイザー各人の経営資源は限られる場合も少なくないため、彼らを支える周辺業務もともに発展したのである。

　もっとも大手証券からみれば、アドバイザー当りの顧客資産は長らく彼らの比ではなかったため、独立系アドバイザーは脅威とはみなされなかった。

　たしかに2009年は預り資産比で32％と、大手証券の47％の後塵を拝していた独立系アドバイザー・チャネルだが、2019年には38％の7.6兆ドルと、遂に34％の大手証券を抜いた[3]。

3　LPL Financial. "2019 Annual Report." (2019).

(2) 独立系アドバイザーの制度的位置づけ

独立系アドバイザーは制度上、証券外務員型、投資顧問型（RIA、Registered Investment Advisor）、両方を兼業するハイブリッド型に分かれる。

証券外務員型は、わが国の金融商品仲介業者に近い。彼らは証券法上、正社員と変わらない証券外務員で、彼らと契約する証券業者（IBD、Independent Broker Dealer）には監督義務もある。もともとIBDが彼らを個人事業主（Independent Contractor）として扱い、福利厚生を提供しなくてよいとする雇用形態の違いだけであった。

証券外務員型は、株式委託売買手数料や投資信託の販売手数料等、取引に連動する手数料（コミッション）を受け取れる。しかし高額手数料商品を販売したり、回転売買を行えば、市況にかかわらず、自らの収益は拡大するため、利益相反の可能性を否定できないと考えられがちである。

投資顧問型は一般に、投資顧問登録を行い、個人に有料で投資アドバイスを提供することを業とする者を指す。投資顧問業者といえば、機関投資家向け運用が主と考えられがちであるが、彼らは年金等が台頭した1960年代よりもはるか前から存在していた。

もっとも彼らを大手運用業者と区別するため、実務上、RIAと呼んで注目するようになったのは、1980年代後半以降のことである。なお米国では、投資一任業（自らの裁量で有価証券の取引が行える）と投資助言業（顧客の承認を必要とする）の登録要件にほとんど差がなく、大半の投資顧問業者は、独立系アドバイザーも含め、対価の大きい投資一任業を営む。

投資顧問型は、証券外務員資格を有さないため、コミッションを受け取れない。それゆえ、彼らは利益相反が起きづらい業態といわれる。

また、彼らはコミッションにかわり、残高連動型手数料を主とする他の形態の手数料（フィー）を受け取る。投資信託の販売手数料は販売額の3〜5％程度なのに対し、フィーは残高の1％前後が相場である。そのため、後者の手数料収入だけで生活が成り立つ投資顧問型は、証券外務員型[4]よりも多くの預り資産を集める富裕層向けアドバイザーが多いと認識されている。

実際、2019年に独立したRIAをみると、44％が大手証券（富裕層に特化）、42％が証券外務員型独立系アドバイザー出身である。

　つまり預り資産、アドバイザーの裁量が大きく、投資家保護水準の高い投資顧問型は、玉石混交とみられがちな独立系チャネルの「玉」と考えられ、このチャネルのイメージ向上に大きく貢献していった。

　ハイブリッドは、証券外務員と投資顧問業者を兼業する。投資顧問型は実務上のハードルが高いため、ハイブリッドは従来、投資顧問型になり切れない過渡期のアドバイザーととらえられていた。しかし現在は、ハイブリッド型のほうがむしろ顧客本位な業態とみる向きもあり、これを積極的に選ぶアドバイザーも多い。詳細は後述するが、証券外務員型の利益相反が起きにくくなり、確定拠出年金等の良質なサービスのなかには、対価がコミッションでなければならないものもあることが、周知されてきたためである。

　それ以上にハイブリッドが興隆したのは、IBDが兼業しやすい仕組みを整えたことが大きい（**図表2－3**）。

　従来、証券業者はその成立ちからすみ分けを行い、どちらか一方のみにサービスを提供してきた。そのため、独立系アドバイザーが兼業する場合は、それぞれの証券業者と付き合わなければならなかった。とりわけ投資顧問業務に関しては、アドバイザー自ら登録を行い、同業務を立ち上げ、証券業者や商品・サービスの選定を行わなければならなかった。このタイプを「独立RIA型のハイブリッド」と呼ぶ。

　この場合、アドバイザーは証券外務員としてIBDの監督を受けるが、投資顧問業務においては機関投資家同様、自らをカストディアンと呼ぶ証券業者の顧客となるため、監督を受けない。そのためアドバイザーの営業の自由度は高いものの、立ち上げ期のハードルが高い[5]。

4　ハイブリッド型も含む。Charles Schwab. "Winter Business Update." (February 4, 2020).
5　伝統的な証券業者、IBD、独立系アドバイザー市場でカストディアンと名乗るネット証券のいずれも、証券法上は「証券業者」であり、成立ちやビジネス・モデルの違いから、呼称を使い分けているにすぎない。

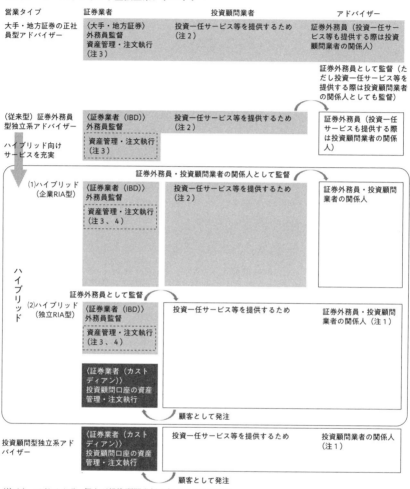

図表2－3　ハイブリッド型独立系アドバイザー

営業タイプ	証券業者	投資顧問業者	アドバイザー
大手・地方証券の正社員型アドバイザー	〈大手・地方証券〉外務員監督 資産管理・注文執行（注3）	投資一任サービス等を提供するため（注2）	証券外務員（投資一任サービス等も提供する際は投資顧問業者の関係人）
(従来型) 証券外務員型独立系アドバイザー ハイブリッド向けサービスを充実	〈証券業者（IBD）〉外務員監督 資産管理・注文執行（注3）	投資一任サービスを提供するため（注2）	証券外務員として監督（ただし投資一任サービス等を提供する際は投資顧問業者の関係人としても監督） 証券外務員（投資一任サービスも提供する際は投資顧問業者の関係人）
(1)ハイブリッド（企業RIA型）	証券外務員・投資顧問業者の関係人として監督 〈証券業者（IBD）〉外務員監督 資産管理・注文執行（注3、4）	投資一任サービス等を提供するため（注2）	証券外務員・投資顧問業者の関係人
(2)ハイブリッド（独立RIA型）	証券外務員として監督 〈証券業者（IBD）〉外務員監督 資産管理・注文執行（注3、4） 〈証券業者（カストディアン）〉投資顧問口座の資産管理・注文執行	投資一任サービス等を提供するため 顧客として発注	証券外務員・投資顧問業者の関係人（注1）
投資顧問型独立系アドバイザー	〈証券業者（カストディアン）〉投資顧問口座の資産管理・注文執行	投資一任サービス等を提供するため 顧客として発注	投資顧問業者の関係人（注1）

ハイブリッド

(注1)　アドバイザー個人が投資顧問登録を行うこともできる。
(注2)　証券業者が投資顧問登録も行う場合と、系列投資顧問業者を使う場合がある。
(注3)　注文執行・証券決済は専業のクリアリング・ファームが行う場合もある。
(注4)　資産管理・注文執行は複数の証券業者が行うこともある。▦▦▦は証券業務の監督を行う証券業者（伝統的証券、IBD）、▬▬は投資顧問業者の注文を受ける証券業者（カストディアン）。両者が同一もしくは系列関係にある場合は▦▦とした。
(出所)　各種資料より筆者作成

これに対して、IBD等は、SMA⁶やファンドラップ等の投資一任サービスを拡大したかったこともあり、アドバイザーを系列投資顧問業者の関係人（証券業者と外務員類似の関係）とすることで、証券外務員型アドバイザーが投資顧問業に参入しやすくした（企業RIA型のハイブリッド）。また証券外務員型、投資顧問型両方のシステム等の融合を目指したことから、発注・資産管理・コンプライアンス業務等が証券業者一社で完結するようになったのである。

　もっともこの形態を選ぶことにより、アドバイザーが投資顧問業務において提供できる商品は、この系列投資顧問業者の品揃えに限定され、彼らによって、業務上の監督も受ける。しかし立ち上がりは格段に早くなったのである。

　規制面での後押しもある。証券外務員の行動を主に規制する金融取引業規制機構（FINRA）規則はもともと、証券外務員がIBD等に対し、証券外業務（投資顧問業務を含む）に携わる旨を事前に通知することを義務づけている。IBDはこの業務が証券業務に支障をきたさないのか、顧客等から証券業務の一部とみなされないのかを精査し、場合によっては制限もしくは禁止をしなければならない。

　しかし個人情報保護等の観点から、証券外業務の把握がむずかしくなっていったこともあり、2018年に規則緩和を提案した。系列投資顧問業務は同規則の対象外とする、非系列投資顧問業務のリスク評価義務は継続するものの、監督・記録管理は行わなくてもよいのではないか、としたのである。

(3)　独立系アドバイザーを律する行動規範

　特筆すべきなのは、証券外務員の行動規範見直しの動きは世界的潮流となりつつあるが、米国独立系アドバイザーがそのきっかけの１つをつくったことである（**図表 2 － 4**）。

6　Separately Managed Accountの略称。一般に証券業者等の金融機関が投資一任契約に基づき、投資家から預かった資金の運用・売買・管理等を一括して行うサービスである。

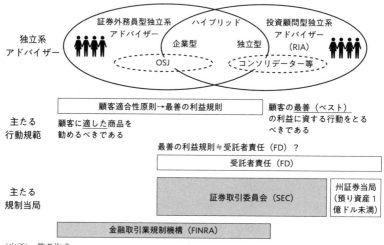

図表2-4　米国独立系アドバイザーを律する行動規範

(出所)　筆者作成

　というのも、顧客にとって、独立系アドバイザーは見分けがつきにくい。それにもかかわらず、証券外務員型は「適合性原則」を、投資顧問型は「受託者責任（FD、Fiduciary Duty）」を規範としていたため、投資家保護水準に差があることが問題視されるようになった。

　なぜならば、適合性原則は、顧客に「適した」商品・サービスを勧めればよいとする。これに対してFDは、顧客の「最善（Best）」の利益に資する行動をとらなければならないとするため、許容範囲がきわめて狭い。つまり後者のほうが、投資家保護の水準は高いが、この違いを理解している個人は限られる。また兼業者は、各発言がどの立場から発したものかわからないという問題がある。

　一般に小規模業者ほどコンプライアンスの遵守が甘いとみられがちであるが、米国証券市場では投資顧問型の独立系アドバイザーがもっとも高度な投資家保護を提供してきた。そして彼らが、十分な経営資源を有しているはずの大手も含め、証券外務員がこれを提供しないのは不公平であると主張し、

行動規範の統合を求めたのである。その結果、2010年ドッド・フランク法は、証券取引委員会（SEC）にFDの統一基準を制定する権限を与えた。

　とはいえ、これは証券外務員にとって規制強化を意味することから、統一作業は遅々として進まなかった。そこでオバマ政権は、2016年に労働省規則を改正し、確定拠出年金市場に限定しながらも、投資アドバイスの提供者は受託者であり、顧客の最善の利益に資する行動をとらなければならないと定めた。ところが、当時の米国ではすでに、わが国の個人型確定拠出年金に近い個人退職勘定（IRA）の残高が企業型確定拠出年金の残高を上回っていた。IRAの営業を行うのは、支店配属の一般の営業担当者たちである。つまり労働省規則は大半の営業担当者の行動規範を変える可能性を秘めていたため、証券業界に激震が走った。

　トランプ政権となり、投資家保護レベルとともにコンプライアンス負担も上がり、金融機関がその負担に見合う顧客の選別をすることによる「アドバイス難民」の発生が懸念された。結局、この労働省規則は無効となった。かわりに2019年、SECが「最善の利益」規則を採択した。

　この規則も、顧客の最善の利益に資する行動を求める。ただし、「最善の利益」を定義してはおらず、明示的に禁止したのは、行き過ぎた営業コンテスト等にとどまった。また細部をみると、最善の利益規則は投資家保護水準が労働省規則や投資顧問業者法のFDに及ばないと考え、統一規制の先送りに異を唱えるアドバイザーも少なくない。

　それでもこの規則が、数十年来の改革ととらえられているのは、証券当局が従来型の証券外務員規制に代表されるルール・ベースの規制から、投資顧問業者法のようなプリンシパル・ベースの規制へと、舵を切ったからであろう。つまり、従来のように禁止行為を列挙するのではなく（この場合、証券業者は禁止行為すれすれまではやってもよいと解釈してこれをねらうため、結果として行動が画一化しやすい）、原則を掲げつつも、その解釈や行動の工夫は各人に委ねるようにしたのである。これは顧客の裾野が広がり、各顧客にとっての「最善」も、アドバイス提供者も多様な現代にふさわしい、規制体

系ともいえよう。

（4）　成立ちと主要プレイヤー

出自が多様な証券外務員型独立系アドバイザー

　証券外務員型独立系アドバイザーは、1970年代頃から台頭したと考えられる。当時の米国は事務処理能力が追いつかなくなるペーパー・クライシスや1975年の株式委託手数料の自由化等を経て、経営難に陥る証券業者も少なくなかった。おそらく独立系アドバイザーの採用には、コスト削減目的もあったと推測される。

　米国では大手の正社員も含め、大半の外務員は歩合制である。現在に至るまで、その営業担当者への戻し率は大手・地方証券が4〜5割であるのに対し、独立系アドバイザーは9割と高い。つまり証券業者は、独立系アドバイザーを採用すれば、費用の大半を変動費化できる。本社の手厚い支援を必要としないベテランの外務員も、独立によって収入を大幅に増やせる。大手のノルマを果たせない外務員も、独立して経費を切り詰めれば生活が成り立つかもしれない。思惑はさまざまであるが、いずれも歩合の戻し率の高さに魅力を感じた。

　この頃広まりつつあったファイナンシャル・プランニングを志向するアドバイザーが、当時主流の証券営業慣行に違和感を抱き、独立する動きもみられるようになった。当時は、「爆走する雄牛」の異名をもつ大手証券メリル・リンチ等が、自社商品等を中心に、一丸となって売る営業スタイルが主流であった。これに対してファイナンシャル・プランナーは、顧客の資産の全容を把握したうえで、顧客とともに人生のゴールを定め、そのゴールに到達するためのプランを作成することを目指した。

　またこうしたファイナンシャル・プランニングは、もともと保険業界で発達しており、保険代理業に軸足を置くファイナンシャル・プランナーも少なくなかった。彼らにとっても資産全体を俯瞰したアドバイスを提供していくうえで、証券の独立系アドバイザー業として兼業を行うことは自然な流れで

あった。

　加えて保険業特化を望むアドバイザーも、証券の独立系アドバイザーにならざるをえない事情があった。というのも1970年代の高金利期、保険業界ではBTID（Buy term and invest the difference）運動が起きた。それまで生命保険といえば死亡保障機能と貯蓄機能を備えた終身保険であったが、死亡保障のみの掛け捨て保険を購入し、節約した保険料で、市場金利を付与する投資商品を購入しようという考え方が広まった。またこうした動きへの対抗策として、大手保険業者も運用実績によって保険金等が決まる変動型商品を開発するようになった。さらにこの頃になると長生きリスクが意識されるようになり、生命保険よりも個人年金のニーズが高まっていったが、これは生命保険業界にとり、収益性の低下を意味した。こうした価格・新商品導入競争、収益性低下という逆風のなか、保険業界においても専業代理店にかわり、独立代理店が勢力を伸ばし始めていた。

　米国では、こうした変動型保険商品を販売する場合、証券外務員資格も必要である。そこで大手保険業者は系列の証券子会社を抱えるようになった。その多くは保険業者のブランド名を冠する証券業者で、中核商品は変額保険商品であった。ただし一部の後発参入組、すなわち従来型の生命保険販売で遅れをとっていた保険業者は、新時代の商品とチャネルで積極攻勢をかけた。後発組とは損害保険から生命保険分野に参入したAIGや、欧州保険業者のING等である。彼らは証券業出身者を積極的に採用するIBDのブランド名を維持したまま、いくつも傘下に置いた。もともと保険代理店数のほうが、独立系証券外務員数よりも圧倒的に多かったこともあり、2017年現在においてもアドバイザー数ランキングでみたIBD上位10社のうち6社は保険系が占める[7]。

　なお異業種といえば、会計士を証券外務員として抱えるアバンタックスが創業されたのも1983年である。

---

[7] "Broker-dealer Data Center." InvestmentNews. (2020) https://data.investmentnews.com/broker-dealer-data/rankings（2019年1月30日アクセス）をもとに試算。

このように、証券外務員型チャネルは多様な出自の営業担当者が思い思いの営業活動を行える市場として発展したことが、最大の魅力である。ただベテラン証券外務員も副業的に証券営業をやりたい異業種参入組も、正社員チャネルのような重い固定費負担は望まなかったため、IBDはひっそりと「小さい本社」の役割を果たすのが望ましいと考えられていた。米国ではもともと大手を除けば清算・決済業務はクリアリング・ファームに委託するのが一般的であるため、IBDはきわめてスリムな組織であった。

　様相が変わったのは1990年代後半である。大手証券業者はブラック・マンデー後、資産管理型営業へと舵を切ろうとしていたが、ネット証券の登場により、彼らにはない付加価値を打ち出さざるをえなくなっていた。その要となったのが、SMAやファンドラップである。証券業者の投資顧問部隊が厳選した運用業者やファンドを組み入れ、顧客属性に応じたポートフォリオを

図表 2 － 5 　レイモンド・ジェームズのアドバイザーの権利章典

❏あなたの事業にとって最適な道を定めるのは、あなたをおいていないと考え、われわれはこれを文章にしたためました 1 ．顧客はあなたのものであり、あなたにはこれを売る権利もあります＊ 2 ．あなたはわれわれによる制約ではなく、われわれの支援のもと、事業を発展・運営します 3 ．レイモンド・ジェームズのアドバイザーと顧客の既存の関係を尊重しながら、あなたは顧客の口座規模や資産水準にかかわらず、彼らと自由にかかわることができます 4 ．あなたに注目する弊社（世界水準の経営資源を有しています）から、個別の支援を受けられます 5 ．市況が軟調でも、あなたの業務を支援する財務力がわれわれにはあります 6 ．ニューヨーク証券取引所上場会社である弊社の安定性の恩恵を、あなたは受けられます 7 ．顧客の最善の利益にならないようなこと（営業ノルマ、最低口座規模制限、プッシュ型営業等、あなたの意思決定に影響を与える仕組み）を、弊社が強いることはありません 8 ．レイモンド・ジェームズ組織のいたるところから、あなたは熱心な支援を受ける権利があります 9 ．あなたは公平な報酬を受け取ります。これは一貫した報酬体系で、明快かつ透明性の高いコミッション構造となっており、報奨金等を弊社が吸い上げるようなことはしません ＊条件が課される場合はある

（出所）　"Financial Advisor Bill of Rights." Raymond James Financial.（2020）
　　　　https://www.raymondjames.com/advisor-opportunities/our-culture/financial-advisor-bill-of-rights
　　　　（2020年 6 月20日アクセス）

一任で運用し、フィーを徴収するからである。専門家の知見が結集されるう
え、自社・高額投信や回転売買問題も解消される理想的なサービスと位置づ
けられた。

　翻って独立系アドバイザーの多くは、もともと系列商品をもたないため、
中立性という意味では先行していた。その中立性と営業の自由度を担保する
仕組みも整っている。このことは、IBD大手レイモンド・ジェームズの「ア
ドバイザーの権利章典」（**図表2‐5**）から垣間みることができる。

　たとえば従来型証券では、顧客は証券業者のものであり、アドバイザーが
やめれば顧客は支店長の采配で支店内に振り分けられる。これに対して独立
系アドバイザーの場合、顧客は営業担当者のものと考えられ、引退時には事
業売却のかたちで他者に引き継ぐことができる。小口切り捨て策とも受け取
れるような、最低預り資産金額といった制約や、営業ノルマ等もない。

　しかし、広範な品揃えのプラットフォームを構築したネット証券がオンラ
インで迅速・安価な取引をする一方で、資産管理型営業を支えるファイナン

図表2‐6　IBDランキング

	IBD	親会社（親会社もしくは当該会社の業態）	創業年	収益（億ドル）	うちフィー比率（%）	アドバイザー当り収益（万ドル）	アドバイザー数（人）	預り資産（億ドル）	うちフィー資産比率（%）
1	LPL ファイナンシャル	独立系	1968	56	56	34	16,464	7,644	48
2	アメリプライズ	独立系（投資信託・保険）	1894	51	56	65	7,740	na	na
3	レイモンド・ジェームズ	独立系（地方証券）	1974	26	na	39	6,622	3,444	55
4	コモンウェルス	独立系	1979	16	68	65	2,397	2,007	57
5	ノースウェスタン・ミューチャル・インベストメント・サービシズ	ノースウェスタン・ミューチャル（保険）	1968	14	66	17	7,794	1,897	52

（注）　親会社およびその業態は、2019年現在。
（出所）　"Broker-dealer Data Center." InvestmentNews.（2020）
　　　　https://data.investmentnews.com/broker-dealer-data/rankings（2020年6月20日アクセス）に筆者
　　　　加筆・修正

シャル・プランニング的なツールと投資一任サービスで富裕層に付加価値を提供しようとする大手証券との狭間で、独立系アドバイザーも相応の情報装備が必要なことから、大手に依存せざるをえなくなってきた。そこで、大規模化に舵を切ったレイモンド・ジェームズとLPLが、今日、証券外務員型市場を牽引する両頭として成長した（**図表2-6**）。

マルチ・チャネルを成功させたレイモンド・ジェームズ

　フロリダの地方証券業者であったレイモンド・ジェームズは、手数料自由化直前の1973年、投資銀行子会社であったIM&Rをファイナンシャル・プランニング的な営業を行うIBDとして再編した。また翌年には同様のアプローチをとるIBDのFSCを買収してIM&R傘下とした。それまでは従来型の正社員チャネルだけで営業を行っていたが、大恐慌以来の証券危機を乗り切るために、14店舗中5店舗を閉鎖した一方で、固定費負担を分散させるべく、独立系チャネルの参入に踏み切ったといわれている。1976年からは他の証券業者のクリアリング業務も請け負うようになった。

　また1980年には、もう1つのIBDチャネルとして、コミッション収益を中心とするロバート・トーマス・セキュリティーズを設立した。同じIBDでも、営業方針が異なっていたことから、それぞれの独立性を維持する意味合いもあり、これらの社名は長らく維持された。

　しかし1998年、大手とネット証券の攻防の狭間で、同社も全国展開が不可欠と考え、地元フロリダのアメリカン・フットボール・スタジアムの命名権を購入し、これをレイモンド・ジェームズ・スタジアムとした。そして翌1999年には独立系アドバイザー・チャネルもすべて「レイモンド・ジェームズ」ブランドに統一したのである。

　何よりも同社を成功に導いたのは、マルチ・チャネルの布陣である（**図表2-7**）。

　2004年、同社は「アドバイザー・チョイス」を発表し、独立系アドバイザーが最も働きやすいチャネルを選べる仕組みを確立したと宣言した。それ

まで証券業者の大半は顧客の奪い合いをおそれて1社1チャネル制をとることが多かった。そのため、同社のようなマルチ・チャネル体制は他に類をみず、ハーバード経営大学院のケース・スタディになっているほどである。

アドバイス・チャネルの特徴は、規模の経済の働くテクノロジーやリサーチ、商品等の営業支援を全チャネルに開放していることである。これらは固定費となることから利用者を増やすほどアドバイザー当りの負担を軽減できる。彼らにとっても、支援が手厚い正社員チャネル並みの装備の魅力は大きい。

そのうえで同社は、各チャネルにふさわしいアドバイザーの条件を経験年数や営業収益で示し、サポート・スタッフの採用や営業場所等、アドバイザーと同社の裁量の分担を細かく定めて可視化した。そして同社からの支援の度合いと歩合の戻し率を連動させたのである。こうすることでマルチ・チャネルはアドバイザーの選択肢を増やす手段であり、社内のチャネル序列を示すものではない、と認識させることに成功した。

ひとたび、こうした体制を確立すれば、裁量の分担を変えてチャネルを増やすことは、むずかしくはない。同社は米国証券業界では珍しい、独立型社員制度の導入にも成功している。さらに近年は、どのような営業スタイルにも対応できることから、コンプライアンス負担の増加を憂う証券業者の売却先としても選ばれるようになっている。

独立系チャネルのトップ、LPL

LPLは、1968年創業のリンスコ社、1973年創業のプライベート・レジャー社が合併して、1989年に設立された。この合併をまとめた実質的創業者、ロビンソン氏は大手証券の営業出身である。保険系IBDが多いなか、ベテラン証券外務員を積極的に採用することで差別化を図った。また当時書かれたコミットメントの信条は「われわれの顧客は、弊社にとって最も重要な人々である。彼らはわれわれの業務の中断者ではない。存在意義である（以下省略）」[8] と、LPLのアドバイザーを顧客ととらえることを宣言し、彼ら中心の

図表 2 - 7　レイモンド・ジェームズのアドバイザー・チョイス

	伝統型社員	アレックス・ブラウン社員	独立型社員	独立系証券外務員型
概要	レイモンド・ジェームズの社員。伝統的支店で営業活動を行う	買収されたアレックス・ブラウンの社員。伝統的支店で営業活動を行う	レイモンド・ジェームズの社員。本社サポートを受けながらも独立性を与えられている	レイモンド・ジェームズの社員ではなく、独立して営業
アドバイザーが満たすべき要件	5年以上の営業経験、年間30万ドル以上の営業収入	7年以上の営業経験、年間70万ドル以上の営業収入	3年以上の営業経験、年間100万ドル以上の営業収入	3年以上の営業経験、新規出店は年間35万ドル、既存店は30万ドル以上の営業収入
資格	証券外務員	証券外務員	証券外務員	証券外務員
歩合の戻し率	20〜50%。外務員の営業収入や商品構成による	〜50%。外務員の営業収入や商品構成による	70〜80%。外務員の営業収入や商品構成による	81〜90%。支店の前月の12カ月移動平均月間収入による
営業資源	テクノロジー、リサーチ、商品・サービス、マーケティ			
テクノロジー	ファイナンシャル・プランニング、運用結果報告、CRM（カスタマー・リレーションシップ・			
サポート・チームの採用・管理権限	支店長が人事部の支援も受けながら、支店の専門家やサポート・スタッフを配属	支店長が人事部の支援も受けながら、支店の専門家やサポート・スタッフを配属	アドバイザー　人事部の支援もあり	アドバイザー
福利厚生	レイモンド・ジェームズが提供	レイモンド・ジェームズが提供	レイモンド・ジェームズが提供	自己負担。レイモンド・ジェームズの親密取引業者を利用してもよい
支店・営業場所	レイモンド・ジェームズが決定	レイモンド・ジェームズが決定	アドバイザーが決定	アドバイザーが決定
コンプライアンス支援	支店長／本部	地区長／本部	支店長／本部	地区担当チーム／本部

（出所）"Business Model Comparison Chart." Raymond James & Associates.（2019）
https://www.raymondjames.com/advisorchoice/library/pdf/advisorchoice-business-model-

企業文化を醸成した。

　同社成長のきっかけの1つは、投資一任サービス勃興期の1991年に導入し

8　LPL Investment. "Form S-1."（June 4, 2010）.

	独立系チャネル		法人チャネル	
ムズ個人営業部門	ハイブリッド型	独立系投資顧問型	銀行等	カストディ・クリアリング
	レイモンド・ジェームズの社員ではなく、独立して営業。証券外務員型、投資顧問型のハイブリッド	レイモンド・ジェームズの社員ではなく、完全に独立して営業。投資顧問登録のみを行うため、コミッションは受け取れない	銀行等で働く	自社（証券・投資顧問業者等）で働く社員もしくは独立系
	ハイブリッド形態による	5,000万ドル以上の預り資産	3年以上の営業経験、年間25万ドル以上の営業収入	社の規定による
	証券外務員投資顧問業者	投資顧問業者	証券外務員	証券業者投資顧問業者
	残高手数料等の100%、コミッションの81～90%。後者は支店の前月の12カ月移動平均月間収入による	残高手数料等の100%	33～55%。外務員の営業収入や商品構成による	社の規定による

ング等はチャネルにかかわらず同じものが提供される
マネジメント）、リサーチ等のプラットフォームはチャネルにかかわらず同じものが提供される

	ハイブリッド型	独立系投資顧問型	銀行等	カストディ・クリアリング
	アドバイザー	アドバイザー	銀行等	自社・アドバイザー
	自己負担。レイモンド・ジェームズの親密取引業者を利用してもよい	自己負担	銀行等が提供	自社・アドバイザー
	アドバイザーが決定	アドバイザーが決定	銀行等が決定	自社・アドバイザー
	ハイブリッド形態による	アドバイザー	支店の管理職／本部	形態による

affiliation-comparison-chart.pdf（2020年3月23日アクセス）に筆者加筆

たSAM（Strategic Asset Management）であった。当時の証券業界はまだ、ブラック・マンデーの反省から、大手が回転売買や系列商品販売等の懸念の少ない、中央集権型の投資一任サービスに注力し始めたところであった。中央集権型とは投資顧問部がアセット・アロケーションを決め、投資顧問業者

や銘柄を厳選・モニタリングし、営業担当者の裁量を極力限定するタイプである。

　これに対してSAMは２つの点で差別化に成功した。第一に、大手とほぼ同時期から資産管理型営業に舵を切ったLPLはIBDとしては先駆者であった。第二に同社は大手証券と差別化する意味合いもあり、アドバイザーに大きな裁量を与えた。すなわち数千本の投資信託ユニバースのなかから独立系アドバイザーが自ら銘柄を選択できる仕様にした。

　1997年にファンドラップのインデックス・ファンド版と中央集権型、2005年に統合一任口座（株式・債券・投資信託・ETF・オルタナティブ・仕組商品・変額年金等を組み込める口座、UMA）等を導入したのは、アドバイザーの運用にかかる時間を節約して、顧客との時間を増やしてもらうねらいからである。ただし証券サービス（2019年総資産粗利益率20〜25ベーシス・ポイント）から投資一任サービス（同30〜35ベーシス・ポイント）、中央集権型投資一任サービス（同40〜45ベーシス・ポイント）へと、LPLの役割が高まるにつれ、同社の収益性は向上していった[9]。

　1997年に導入したウェブ・ベースのアドバイザー向けシステム、ブランチネットによる生産性向上も計り知れなかった。その後、ファイナンシャル・プランニングやポートフォリオ管理機能等も加わり、2005年頃に優先順位の高い行動を営業担当者に通知する機能（たとえば特定の顧客の証拠金追加の必要性をアラートする）を盛り込んでから、さらに生産性が向上した。2016年には後継システムであるクライアント・ワークスを導入した。

　情報装備化の方針は、2000年、クリアリング業務を内製化したことにも表れている。業務フローを一気通貫させたことで、その後に導入したシステムの包括性と洗練度が大きく向上したからである。また他の証券業者のクリアリング業務に加え、2008年からはRIAも受け入れられるようになり、その後のハイブリッド向けサービスにつながっていった。

9　LPL Financial. "Credit Suisse 21st Annual Financial Services Forum." (February 27, 2020).

もっともこれだけの情報装備には潤沢な資金が必要である。LPLは2005年、未公開株の運用を行うプライベート・エクイティ・ファンド（PE）2社に自社の60％を売却し、今度はその資金力を生かして買収攻勢に出た。なかでも同社が注目したのが、TPM（Third Party Marketer）であった。

　TPMはもともと証券業務を営む銀行に、人材等を提供する証券業者を指す。1980年代、銀行による証券業務規制が緩和された当初に認められたのが軒貸し方式（銀行店舗で第三者の証券営業担当者が営業を行う）だったため、TPMが広まり、最盛期の1992年頃は200社[10]を超えた（**図表2−8**）。

　しかしこの頃、銀行窓口販売も本格解禁されたため、新たな収益を模索していた銀行が同業務の内製化を推し進め、TPMは衰退するかと思われた。

　ところが、2001年のITバブルが崩壊したあたりから、銀行店頭と証券業者に来る顧客はタイプが異なり、前者の顧客には後者の顧客ほどの収益性が期待できないことがわかってきた。たとえ資産額でそん色がなくても心理的

図表2−8　米国銀行の証券戦略：内製化か外部委託か

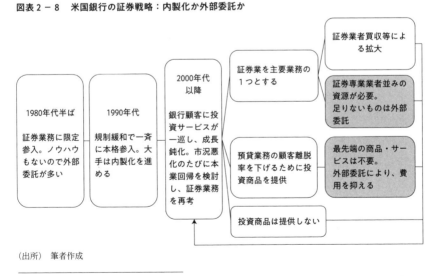

（出所）　筆者作成

10　Curtis, Carol E. "Third-Party Marketing Stages a Comeback." U.S. Banker.（July 1999）.

なリスク許容度が上がりにくいためである。そこで証券業務に参入していた銀行は、証券専業業者並みの競争力をつけるために彼らを買収するか、預貸業務の顧客の離脱を防ぐため、なるべく費用を抑えて証券業務を続けるかに二極化した。折しも証券業界では、情報技術とコンプライアンスの費用が上昇基調にあったため、TPMへの外部委託が再び注目されるようになったのである。これに目をつけたLPLは2007年、TPM大手のUVESTとIFMGを買収してトップに躍り出た。

　TPMは、証券業務の監督・コンプライアンスや事務処理、商品、情報技術、マーケティングから研修まで、銀行に足りないものを提供する。多様なアドバイザーを抱えるIBDにとって、TPMは新たなチャネルの1つにすぎないが、銀行の風土にあった人材の派遣や育成を行っている点では、様相がやや異なる。

　TPMの現在の主流は、銀行員をLPLにも証券外務員として所属させ、彼らの証券業務の監督や育成を行うやり方である。ただし彼らは銀行員でもあるため、運営方針は銀行の意向に沿ったものとなる。つまり銀行は、証券専業業者並みのアドバイスを提供できる人材を配置するのか、預貸業務の付随的なサービスとして証券にかかわる相談に乗る人を配置するのか等、自らの顧客層にあわせた設計ができるのである。

　こうしてさらなる成長を遂げた同社が、金融危機の傷も癒えない2010年に新規公開を果たしたことは、驚きをもって受け止められた。さらなる買収資金を得た同社はその後もコンプライアンス負担の増加に耐えきれなくなった証券業者を買収し続けており、2019年には遂に正社員チャネルも掌中に収めた。営業担当者数は伝統的証券のモルガン・スタンレーを抜き、第3位の1万6,189人である。

RIA市場を育てたチャールズ・シュワブ

　1930年代前後の大恐慌時、個人向けに投資アドバイスを提供するインベストメント・カウンセルはすでに登場していた。株価暴落時の彼らの販売行動

が、1940年の投資顧問業者法の制定につながったのである。

　ただし、彼らがRIAと呼ばれて存在感を示すようになったのは、1987年、当時のディスカウント・ブローカー、チャールズ・シュワブが専門部署を組織した頃からである。同社はこれに先駆けて1984年、投資信託マーケットプレースとDOSベースのオンライン・トレーディング・システムの原型を導入していた。投資信託マーケットプレースは多様な運用業者の投資信託の売買と口座管理を1カ所で行えるプラットフォームである。これを導入したところ、顧客に口座を開けさせ、彼らから委任状を取り付けて、取引を行う専門家がいることに気づいた。これを商機ととらえた同社が彼ら向けの専門部隊を正式に組織したのが、ブラック・マンデーの年だったのである。以降、大手証券の系列・高価格商品販売や回転売買が問題となっていくが、このことは独立系でコミッションを受け取らない投資顧問型アドバイザーにとっては追い風となっていった。

　投資信託マーケットプレースの当初の品揃えは販売手数料なしのノーロード・ファンドのみであったが、同社が力をつけるにつけ、運用業者が公販用投資信託の「機関投資家版」、すなわち販売手数料を免除したり運用管理費用を低く設定したりした投資信託を卸すようになった。つまり、一般の証券業者で購入すれば販売手数料のかかる投資信託も、「機関投資家」として特別な待遇を受けるRIA経由で購入すれば、手数料が抑えられることが売りとなった。他社よりも手数料を抑えることができれば、アドバイザーも自らのアドバイスに対する対価を受け取りやすくなる。しかも彼らの大半は一任運用を行えるため、顧客が投資方針等で合意すれば、あとは自らの裁量により、オンライン・システムで売買注文を出すことができる。

　こうしてRIAチャネルの先駆者となった同社は、1991年に初めて、アドバイザーの年次総会ともいえるコンファレンスを主催した。また1996年には顧客をアドバイザーに紹介するシュワブ・アドバイザー・ソースを全国的に導入する等、営業支援機能を充実させた。

　インターネットが登場すると、オンライン証券トップとなった同社は時代

の寵児ともてはやされたが、2001年、ITバブルが崩壊した後は、アドバイス機能を充実させていった。独立系アドバイザー・チャネルはその中核となった。

　2008年の金融危機では、大手証券の法人部門の巨額の損失が、その後の経営再編を促す事態となった。むしろ個人向け部門はITバブルの反省から、真摯に資産管理型営業に邁進する者が多かったが、全社的なイメージダウンに引きずられることをおそれ、従来以上にトップ営業担当者たちの独立気運が高まった。シュワブはこれを商機ととらえ、積極的に「離脱組」の受け皿となった。こうして金融危機後の回復期、ネット証券チャネルと投資顧問型独立系チャネルの両方で預り資産を拡大させた同社は2014年に遂に、大手証券を抜いて全米でトップとなった。

　一方、ネット証券業界においてはこの間、価格競争が勃発していた。そして遂に2019年10月、同社が株式コミッションの無料化を打ち出した。こうした価格競争は通常、下位の業者がシェア拡大のために仕掛けるものである。しかし最大手に価格を極限まで下げられては、競合他社に勝ち目はない。翌月にはネット証券第2位のTDアメリトレードがシュワブに買収されることとなり、2020年2月には第3位のEトレードがモルガン・スタンレーに買収されることとなった。

図表2-9　RIA数でみた証券業者（カストディアン）ランキング

社名	顧客数	預り資産（兆ドル）
1　チャールズ・シュワブ	7,600	1.6
2　TDアメリトレード	7,000	na
3　インターアクティブ・ブローカー	4,503	0.023
4　フィデリティ	3,950	2.3
5　SEI	1,735	0.026

（注）　フィデリティは、RIAとクリアリング業務を同社に委託する証券業者を分けて開示していない。
（出所）　"Top Clearing and Custody Firms for Financial Advisers." InvestmentNews.（2020）
　　　　https://www.investmentnews.com/top-clearing-and-custody-firms-for-financial-advisers-80679
　　　　（2020年6月20日アクセス）に筆者加筆・修正

この買収により、シュワブは預り資産が5兆ドルを超え、他社の追随を許さない規模となった。しかしそれ以上に注目されたのは、RIA数でみたカストディアン二強の統合であったが、2020年6月、司法省はこれを承認した（**図表2−9**）。

　なお、EトレードのRIA顧客数は225社と多くはないが、買収の結果、従来型証券大手のモルガン・スタンレーが初めて独立系チャネルを保有することから、今後の舵取りが注目されている。

2 独立系アドバイザーのサービス内容と経営実態

(1) 独立系アドバイザーになるまで

　営業担当者が独立を考えるのはなぜであろうか。独立まもないRIA向け調査では、独立の最も重要な理由として94％が「顧客に最善の行動をとるため」と答えた[11]。独立の際、既存顧客がついてくるかは死活問題であるが、同調査によれば平均87％の顧客がついてきたという[12]。

　独立を決意したアドバイザーは、ビジネス・モデル、とりわけコミッション収入の有無で形態を選ぶ。採算だけ考えれば、RIAのほうが一般に収入が増える。たとえば100万ドルの営業収益がある証券外務員を典型的な報酬体系に当てはめてみると、正社員のままでは60％程度が社の取り分となるため、収入は40万ドルとなる。証券外務員型はアドバイザーの取り分が85％、そこから支払う諸経費が30％程度で55万ドルとなる。RIAはそれぞれが100％と30％程度で70万ドルとなる[13]。

　ただしRIAは多くの預り資産を必要とすることから、独立のハードルが高い。そこで近年は、RIAとしての独立には５つの方法が用意されている。第一が最も伝統的な方法で、RIAとしての完全独立、第二がRIAとして独立をするものの、情報技術やコンプライアンス機能を提供したり、開業資金等の融通も行ったりする業者を利用する方法、第三もRIAとして独立はするものの、出資を受ける方法、第四が既存のRIA法人に経営陣ないしは従業員として加わり、その新たな営業拠点となる方法、第五が既存のRIAに従業員として就職する方法である。後者になるほど独立性は限定されるが、開業リスクも抑えられる。

11　Charles Schwab. "Schwab Advisor Services Sophomore Study." (2018).
12　Charles Schwab. "Fact vs Fiction." (2019).
13　Charles Schwab. "Exploring Independence." (2019).

次に検討すべきなのは、どこで開業するかである。独立系アドバイザーは全国に点在するが、特に郊外で力を発揮しやすい。自宅で開業する等、固定費を抑えた出店が可能なため、ライバルの少ない場所を選んで地域密着型の営業を行いやすいためである。実際、米国のトップ・アドバイザー1,200人の州別形態構成をみると、大半の州でトップ層に食い込んでいるが、人口の少ない州では比較的証券外務員型アドバイザーが活躍しており、都市部に近づくほど、RIAが存在感を示す傾向が見て取れる（**図表2－10**）。

またどの証券業者と契約するかも考慮に入れなければならない。レイモンド・ジェームズが新規に契約したアドバイザーを調査したところ、彼らが同社を選ぶ際に最も重視したのは、倫理観（96%）、営業の自由度（95%）、企業文化と価値観（94%）、テクノロジー（94%）、アドバイザーに対するサービスの水準（93%）等であった[14]。

彼らの営業実態の詳細については、証券型とRIAに分けてみていきたい。

(2)　資産管理型営業へと舵を切った証券外務員型独立系アドバイザー

大手IBD50社の調査によると、2019年の収益合計は、金融危機直前の2007年の2.4倍の312億ドルに成長した[15]。何よりも注目すべきことは、2007年に２割にすぎなかったフィーが、2017年にはコミッションを超えたことである。もともとフィー型サービスを望むアドバイザーはRIAとなることを考えると、証券外務員型市場でさえも投資一任サービス化が進んでいるといえよう。

所属アドバイザーの特色を読み取るには、IBDは大きくなり過ぎた。しかしそれでも、証券色の強いセキュリティーズ・アメリカとコモンウェルス、

14　Raymond James. "Analyst & Investor Day." (2019).
15　Salinger, Tobias. "IBD Elite 2020：Top 10 IBDs by Share of Fee-Based Revenue." Financial Planning.（2020年7月26日アクセス）

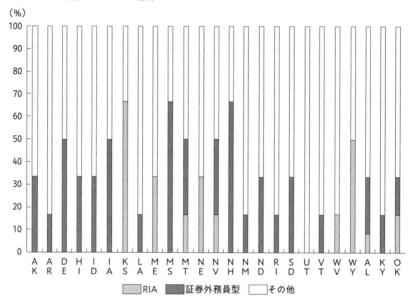

（注）　■はIBDに所属するアドバイザー（マルチ・チャネル型のウェルス・ファーゴ、レイモンド・ジェー
　　　地方証券、投資銀行、銀行系等。バロンズ誌はトップ1,200人のアドバイザーを選出（預り資産、営業収益、
　　　り当てた。これをもとに左からアドバイザー数の少ない順に州を並べた。
（出所）　"2020 Top Advisors Rankings by State." Barron's.（2020）より筆者作成

保険系のMMLインベスター・サービス（マス・ミューチャル傘下）、公認会
計士等を証券外務員として所属させるアバンタックスを比べると注力分野の
違いの片鱗が見て取れる。

　まずフィーの拡大はどのIBDも目指しているが、その理由はさまざまであ
る。目利きに自信のある証券のベテラン勢が多いIBDは、従来は株・債券を
中心に、コミッション比率が高かった。しかしこうしたベテラン勢は近年、
アドバイザーに裁量を与える一任サービスのなかでその目利き力を発揮する
傾向がある。これは富裕層をターゲットとした包括的サービスであることが
多いため、コモンウェルスのようにフィー比率、アドバイザー当りの営業収
益、CFP（ファイナンシャル・プランナー資格）保有者数も高くなることが多
い（**図表 2 −11**）。

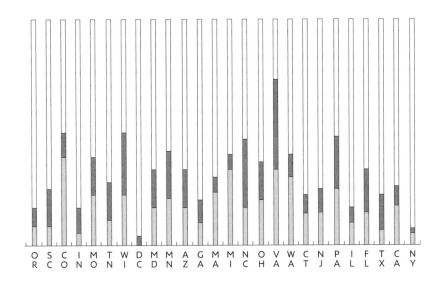

O R	S C	C O	I N	M O	T N	W I	D C	M D	M N	A Z	G A	M A	M I	N C	O H	V A	W A	C T	N J	P A	I L	F L	T X	C A	N Y

ムズ（アレックス・ブラウン以外）を含む）。■■■はそれ以外の独立系アドバイザー。□□□は大手証券３社、規制遵守履歴、営業の質、慈善活動等より評価）するにあたり、州の人口にあわせて選出アドバイザー数を割

　またこうした複雑なサービスの場合、専門的支援も必要となるため、営業担当者と本社スタッフ比率は３：１程度となっている。

　逆にアバンタックスやMMLのアドバイザーにとっては証券業が副業であることが少なくない。彼らは自ら目利きをしなくてすむよう、IBDや外部業者に裁量を委ねる一任サービスを好む。もっともMMLは保険系であるため、保険商品を中心とするコミッションも多い。目利き力にこだわらなければ、投資信託と個人年金しか扱えない限定免許でも支障はない。

　独立を検討するアドバイザーは、データからこうした特色を読み取り、自分に最も適したIBDを選ぶのである。

図表 2 -11　証券外務員型独立系アドバイザーの現状

社名	LPL	レイモンド・ジェームズ	セキュリティー・アメリカ	コモンウェルス	MMLインベスター・サービス	アバンタックス
収益構成						
総収益（億ドル）	56.25	26.11	7.30	15.53	11.85	5.08
コミッション等（億ドル）	18.92	na	3.12	2.52	6.89	na
投資信託（億ドル）	5.89	na	2.14	0.86	1.78	0.90
証券（億ドル）	na	na	0.12	0.09	0.07	0.09
個人年金（億ドル）	10.01	na	0.77	1.21	4.49	0.42
保険（億ドル）	na	na	0.06	0.21	0.39	na
フィー等（億ドル）	31.49	na	3.19	10.53	4.84	2.52
アドバイザー（億ドル）	na	na	2.06	9.18	0.84	1.40
IBD（中央集権型、億ドル）	na	na	na	0.94	na	0.45
外部業者（億ドル）	na	na	1.09	0.41	3.82	0.67
その他の収益（億ドル）	5.84	na	0.99	2.48	0.11	na
フィー収益比率（％）	56	na	44	68	41	50
営業担当者について						
トップ20％の営業担当者の平均営業収益（万ドル）	na	151	82	148	42	na
営業担当者の平均営業収益（万ドル）	34	39	28	65	16	13
2018年最低収益（万ドル）	na	30	15	20	na	na
外務員数（人）	16,464	6,622	2,608	2,397	7,207	3,984
うち営業担当者（人）	na	4,347	2,608	2,007	8,336	3,431
うち投資信託・個人年金限定免許外務員数（人）	na	na	na	108	2,804	na
CFP（人）	3,645	1,279	653	1,000	na	na
本社スタッフについて						
フルタイム・スタッフ（人）	4,343	na	702	777	588	358
店舗数（店）	na	na	1,864	1,385	1,427	na
OSJ	na	1,574	278	154	131	na
採用担当者（人）	na	18	13	10	na	na
コンプライアンス担当者（人）	na	200	115	88	na	na
口座数（万口座）	7,644	3,444	1,030	2,006	2,073	706

（注）　数字は2019年。レイモンド・ジェームズは独立系アドバイザー部門の数字。フィーの内訳は、投資一任サービスのタイプで、アセット・アロケーションや銘柄選択を主にだれが行うかによって分類。
　　　営業担当者の平均営業収益は総収益を営業担当者数で割った値。最低収益とは、契約を維持するために稼ぐべき最低収益。CFPはファイナンシャル・プランナー資格。OSJは内部管理責任者。
（出所）　Salinger, Tobias. "Special Report: IBD Elite 2020." Financial Planning Magazine.（2020）より筆者作成

(3) アドバイスの多様化を実現させたRIA

　一方、RIAはアドバイスそのものが主たるサービスとなる。彼らの多くはアセット・アロケーションや銘柄選択等（以下、「資産運用」）を一任で行うが、アドバイスの範囲はこれにとどまらない。むしろそれ以外のアドバイスを彼らが開拓してきたこともあり、何を加えるかで立ち位置が決まる。

　図表2−12は、アドバイスの範囲に応じて、RIAを分類したものである。第一が資産運用に特化したマネー・マネージャーで、市場の9％を占める[16]。

図表2-12　RIAチャネルの多様化

資産運用と広義のアドバイス	営業手法	定義	提供サービス	アドバイザーの認識	セルーリの分類
資産運用特化型　↑ ↓　広義のアドバイス	マネー・マネージャー	個別銘柄を組み合わせてポートフォリオを構築。資産運用に注力	資産運用とアセット・アロケーション	9％	9％
	インベストメント・アドバイザー	運用を主要サービスとするが、退職プランニングや教育費積立等のモジュール別プランも提供	資産運用、退職・教育費プランニング中心	27％	64％
	ファイナンシャル・プランナー	顧客の資産・負債全体の分析をしたうえで、包括的なファイナンシャル・プランを構築	税対策や保険等も含め、包括的なプランニング・サービスを提供	54％	21％
	ウェルス・マネージャー	包括的ウェルス・マネジメントや資産承継に特化。ストック・オプション計画や経営幹部報酬、複雑な信託・相続プランニング、慈善活動等にかかわるアドバイスも提供	プランニング・サービスをすべて提供。複雑な相続対策、慈善活動支援、事業承継プラン等に注力	10％	5％

> 差別化を目指すアドバイザーはファイナンシャル・プランナーからウェルス・マネージャーへと変容を遂げようとしているが、サービスの中身が追い付いていない

（出所）　SEI. "The Next Wave of Financial Planning." （2015）.

---

[16]　SEI. "The Next Wave of Financial Planning." （2015）.

米国では、自分の相場観に基づき、時価上昇が期待できる銘柄の買い推奨を行う証券外務員は、前時代的とみなされがちである。しかし彼らが必ずしも淘汰されたわけではなく、マネー・マネージャーとして生き残っている場合も少なくない。近年は、顧客ごとに最善のアドバイスを提供する必要性が強調されるため、証券外務員としてはこうした行動をとりにくいが、この目利き力は従来に劣らず、必要とされているためである。むしろこのような行動はファンド・マネージャーのそれに近いため、投資顧問業者であるRIAとして力を発揮したほうが好ましいと考えられる。投資一任契約を結んだRIAであれば、時宜を得た機動的な売買も可能であるが、証券外務員のままだと、取引前に顧客の同意を得なければならなく、むしろ売買タイミングを逸することもありうるからであろう。

　第二が資産運用を主とするものの、退職や子供の教育費のための資産形成等、単発的なプランニングも行うインベストメント・アドバイザーである。第三は、顧客の資産・負債を俯瞰し、より包括的なプランを立てるファイナンシャル・プランナーである。RIAの半分以上がこのファイナンシャル・プランナーを自称しているが、コンサルティング会社セルーリの調査によれば、その多くは包括性に欠けたインベストメント・アドバイザーにすぎないという。なお、米国の投資顧問業者法上、①投資アドバイスを、②業として提供し、③対価を得るものは所属や業態にかかわらず、基本的に投資顧問登録をしなければならない。この定義に基づき、多くのファイナンシャル・プランナーがRIAとなっている。

　第四が、資産・事業承継、経営者報酬、税対策、慈善活動支援等のより複雑なアドバイスを提供するウェルス・マネージャーである。これを自称するアドバイザーも10％いるが、サービスが追いついておらず、実際にウェルス・マネージャーといえるのは5％にすぎない。

　いずれにしても、投資顧問登録をしているRIAは証券外務員型と比べると、現代ポートフォリオ理論に沿った運用を行うという特徴がある。たとえば他のチャネルに比べて、ポートフォリオを常に自ら構築するアドバイザー

の比率が28%と、大手証券の16%や証券外務員型の13%と比べても高い[17]。ただし、市場平均を上回る銘柄を探すアクティブ運用よりも、パッシブ運用を好む傾向がある（**図表2-13**)[18]。

　提供サービスでみると、**図表2-14**のようになる。ファイナンシャル・プランニングとアセット・アロケーションはほどのアドバイザーも提供し、商品は投資信託やETF（上場投資信託）が多い。また税・相続対策といった富裕層向けのサービスも提供されている。注目に値するのは、確定拠出年金やビジネス・コンサルティング、機関投資家向け運用等、法人向けサービスも含まれていることである。

　個人向け部門の顧客には中堅・中小企業オーナーも多く、彼らが意思決定にかかわる金融サービスは個人・法人業務にかかわらず、一通り提供する独立系アドバイザーが少なくないからである。むしろ米国で中堅・中小企業にも確定拠出年金が普及していたり、小規模な財団や基金等も機関投資家に準じる運用ができるのは、こうした専門性の高い地域密着型のアドバイザーと彼らと連携する外部業者の尽力によるところが大きい。

　このように、アドバイザーによって投資アドバイスの中身が異なるため、顧客の獲得方法としては、既存顧客による紹介が多い（**図表2-15**)[19]。

　顧客はサービスの満足度が高ければ、自分と似たプロフィールの知り合いにアドバイザーを紹介するからである。同様の理由で、アドバイザーは地域の有力者や公認会計士等の専門家からの紹介を受けることも多い。ただしチャールズ・シュワブによれば、急成長を遂げているアドバイザーは、特定の顧客獲得方法に偏ることなく、バランスの良い営業活動をしている。

　収益は、アドバイスの対価として、残高連動型手数料1％程度というのが一般的である。

17　Rice, Meredith. "Trends in the Advisor Market." Cogent Syndicated/NISCA.（August 5, 2019).
18　Rice, Meredith. "Trends in the Advisor Market." Cogent Syndicated/NISCA.（August 5, 2019).
19　Charles Schwab. "Guiding Principles for Advisory Firm Success."（2017).

図表 2 － 13　チャネル別アセット・アロケーション

	合計	大手証券	地方証券	証券外務員型独立系	銀行	RIA	預り資産	
							1億ドル未満	1億ドル以上
米国株（アクティブ）	23%▼'17	29%	30%	28%	32%	17%	31%	21%▼'17
米国株（パッシブ）	19%▲'18'17	11%	11%	14%	9%	25%	12%	20%▲'18'17
米国債券（アクティブ）	15%	18%	18%	16%	15%	13%	16%	15%
外国株（アクティブ）	8%	9%	10%	10%	10%	7%	10%	8%
米国債券（パッシブ）	8%	5%	5%	5%	5%	11%	6%	9%
外国株（パッシブ）	6%	4%	4%	4%	3%	8%	4%	6%
エマージング・マーケット	5%	5%	4%	5%	5%	5%	4%	5%
キャッシュ	4%	6%	6%	4%	5%	4%	5%	4%
外国債券（アクティブ）	3%	3%	4%	4%	4%	2%	4%	3%
不動産（REITを含む）	2%	2%	2%	3%	2%	2%	3%	2%
外国債券（パッシブ）	2%	1%	2%	2%	1%	2%	2%	2%
プライベート・エクイティ	1%	1%	1%	1%	1%	2%	1%	1%
実物資産・コモディティ	1%	1%	1%	1%	1%	1%	1%	1%
オルタナティブ	2%	2%	2%	2%	2%	2%	2%	2%
その他	1%	2%	1%	1%	2%	<1%	1%	1%

低				高
≤6%	7%～12%	13%～19%	20%～25%	≥26%

質問：これらの資産のアロケーション比率は？
▲／▼＝記載年からの変化が大きい
△／▽＝2018年の変化が大きく、その基調が2019年も続いている
注：数値は、端数処理によって合計100％とならない。預り資産500万～60億ドルのアドバイザー対象。
（出所）　Rice, Meredith. "Trends in the Advisor Market." Cogent Syndicated/NISCA.（August 5, 2019）.

　ただし預り資産が増えるにつれ、機関投資家価格に近づくため、顧客預り資産2,500万ドルで50ベーシス・ポイントまで下がる（**図表 2 － 16**）。
　顧客に提示する手数料は従来、商品コストも含めて包括手数料を提示することが一般的であった。そのため、アドバイザーにとっては低手数料の商品

図表 2 −14　RIAが提供するサービス

	自前で提供（%）	外部委託（%）	利用顧客比率（%）
ファイナンシャル・プランニング	97.63	0.98	69.42
アセット・アロケーション	95.11	0.84	92.14
投資信託の選択・モニタリング	79.61	2.23	67.72
上場投資信託（ETF）	75.84	6.15	60.56
税関連のプランニング	69.69	8.10	50.98
インデックス・ファンド	68.99	5.87	54.18
慈善活動カウンセリング	68.85	2.65	20.73
株式運用	66.62	6.28	54.64
相続対策	64.25	14.8	41.48
保険関連のプランニング	62.57	10.06	31.35
債券運用	57.96	12.43	36.82
確定拠出年金のアドバイスと導入	54.05	4.05	8.19
運用業者の選択・モニタリング	52.51	1.96	37.17
インパクト投資	51.54	5.45	8.93
SMA	46.93	10.89	19.84
不動産投資信託（REIT）	44.55	6.28	23.76
オルタナティブ投資	42.46	9.92	19.03
機関投資家向け運用	35.75	3.35	15.18
ビジネス・コンサルティング	32.26	4.19	5.07
ヘッジファンドの選択とモニタリング	21.79	4.33	5.34
ファンド・オブ・ヘッジファンドの選択とモニタリング	20.25	4.19	5.28
確定申告準備支援等	19.97	14.53	12.44
医療保険等	19.27	7.96	9.06
ロボ・アドバイザー	17.32	3.63	6.83

（注）　利用顧客比率とは、当該サービスを提供した際に、これを利用した顧客の比率。インパクト投資には、社会的責任投資、持続可能性投資を含む。
（出所）　Rasmussen, Eric. "RIAs in the Time of Pandemic." Financial Advisor.（August 1, 2020）より筆者作成

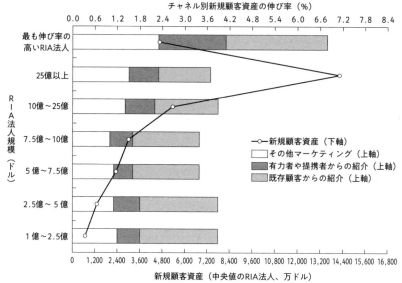

図表 2 −15 RIAの顧客獲得方法

チャネル別新規顧客資産の伸び率（%）

新規顧客資産（中央値のRIA法人、万ドル）

- ──○── 新規顧客資産（下軸）
- □ その他マーケティング（上軸）
- ▨ 有力者や提携者からの紹介（上軸）
- ▨ 既存顧客からの紹介（上軸）

（出所）　Charles Schwab. "Sources of New Client Asset Growth in 2018." (2020)
https://advisorservices.schwab.com/focusing-on-fundamentals（2020年 9 月30日アクセス）

図表 2 −16　顧客預り資産別にみたアドバイスの対価（残高連動型手数料率）

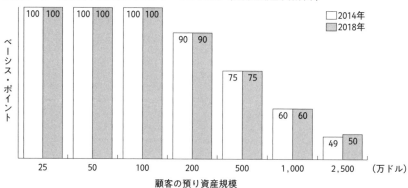

（注）　預り資産2.5億ドル以上のアドバイザー 1,310社の中央値。
（出所）　Charles Schwab. "Winter Business Update." (February 20, 2020).

を活用するメリットが大きい。包括手数料の場合、商品コストを下げればアドバイザーの手元に残る手数料が増える。アドバイス料に加えて商品の手数料を徴収する場合もあるが、アドバイザーの尽力で商品コストを抑えることが可視化できるので、アドバイスを受けるメリットを顧客が実感しやすい。そのため、投資顧問型の独立系アドバイザーは、古くは直販型の投資信託、近年はETFやロボ・アドバイザー等、一般に対面のアドバイザーが提供したがらない商品を、積極的に取り入れてきた。

　商品の目利きができる専門家が低コスト商品を模索するこうした行動は、商品提供業者にとっては価格の下げ圧力となる。しかし注目すべきことは、残高連動のアドバイス料がこの競争に必ずしも巻き込まれていないことである。特に預り資産25万〜100万ドルの顧客、すなわち対面チャネルでは比較的小口に分類される顧客の場合、手数料水準は維持されているのである。

　これは、アドバイザーが顧客のニーズを取り込み、アセット・アロケーションと銘柄選択（以下、「資産運用」）以外のサービスも、残高連動型手数料に含めるようになったためでもある（**図表2−17**）。

　証券外務員はもともとコミッション等を取引の対価ととらえているため、資産運用以外のアドバイスは無料の付随サービスとして位置づけがちであった。しかしRIAは投資顧問業者法にあるように「①投資に関わるアドバイスを、②業として提供し、③対価を得」、外務員よりも高度な投資家保護を提供する以上、コンプライアンス費用もかかる。したがって資産運用以外のアドバイスについても対価を得るのは当然との姿勢を貫いてきたことが、手数料の維持につながっている。

　さらに最近は預り資産ではなく、アドバイス資産の一定料率を手数料とする動きさえもある。たとえば証券口座の預り資産が15万ドル、確定拠出年金残高が35万ドルの顧客の場合、これら資産全体を俯瞰したうえでアセット・アロケーション等のアドバイスを得たい。また後者の資産についても、採用商品の比較や保有資産のパフォーマンス評価、リバランス等のアドバイスを得たい。そこで後者についても、前者の半分程度の料率の対価を支払うので

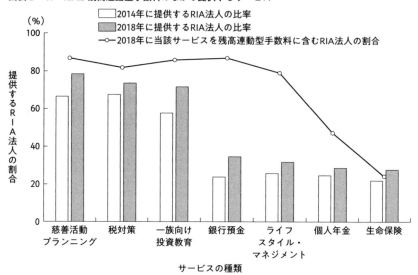

図表2-17　RIAが残高連動型手数料のなかで提供するサービス

(注)　ライフスタイル・マネジメントとは、さまざまな顧客の要望に応えるコンシェルジュ的サービス。
(出所)　Charles Schwab. "Evolution of Services in the RIA Offer." (2020)
　　　　https://advisorservices.schwab.com/focusing-on-fundamentals (2020年9月30日アクセス)

ある。

　なお、証券外務員のFD議論の際、残高連動の手数料は、預り資産が大き
いほど料率が下がるため、富裕層優遇ではないかとの意見が浮上した。その
ためもあり、残高連動一辺倒（2019年採用率99.5％）であったフィー体系に、
多様化の兆しがみえている。固定手数料（同44.0％）、時間当り手数料
（29.6％）、サブスクリプション手数料（同0.9％）である[20]。ただしパフォー
マンス連動手数料（同37.1％）とコミッション（同3.2％）は低下傾向であ
る。たとえば税対策等は、入口ではどの程度のサービスが必要かわからない
こともあるが、手数料体系が複合的であれば、初期のコンサルティングは残
高連動型手数料のなかで提供し、より専門的なアドバイスは別途フィーを徴

20　Investment Adviser Association. "2019 Evolution Revolution." (2019).

収することもできるようになる。

　RIAの勃興期は、営業経験のあるアドバイザーが顧客を実質的に引き連れて独立するのが一般的であり、小規模業者が多かった。しかし規模にかかわらず、預り資産・収益・顧客数のいずれでみても、5年平均成長率はほぼ1桁後半と、順調に拡大を続けている。顧客の平均預り資産は100万ドルを超え、アドバイザーの規模が大きくなるにつれ、より富裕層を取り込んでいる実態が見て取れる。なおRIA法人の利益率は規模にかかわらず3割程度である。スタッフ数は規模に応じて5～52人と大きな開きがある（**図表2-18**）。

　では投資顧問型の独立系アドバイザーはどのようなスタッフを雇用してい

図表2-18　RIAの実態

指標（中央値）	全社	預り資産別					
		1億～ 2.5億 ドル未満	2.5億～ 5億 ドル未満	5億～ 7.5億 ドル未満	7.5億～ 10億 ドル未満	10億～ 25億 ドル未満	25億 ドル以上
2018年末預り資産（億ドル）	6.72	1.71	3.43	6.04	8.70	14.33	36.59
5年平均預り資産増加率（%）	7.5	7.8	7.6	6.5	8.4	7.8	6.5
2018内部成長に伴う資産純増額 （億ドル）	0.24	0.07	0.17	0.26	0.48	0.45	1.18
5年平均内部成長率（%）	5.1	5.3	5.7	4.6	5.8	5.0	3.8
2018年収益（万ドル）	419.3	128.0	244.9	405.2	552.3	900.0	2,159.4
5年平均収益増加率（%）	9.4	9.1	9.7	9.0	10.4	9.5	8.4
2018年末顧客数（人）	380	170	256	358	380	668	1,211
5年平均顧客増加率（%）	5.4	4.9	5.8	5.5	6.0	5.9	3.9
顧客当り預り資産（万ドル）	190	108	141	197	254	230	481
営業利益率（%）	28.2	28.9	26.6	29.9	26.6	30.0	26.4
創業からの年数（年）	22	15	20	21	20	25	26
スタッフ数（人）	na	5	8	12		25	52

（注）　成長率は2014～2018年の年平均成長率。内部成長率は、時価上昇効果を除いた純資産増加率で、事業買
　　　収・売却およびアドバイザーの採用・退職に伴う増減効果を除いた。
　　　全社は、預り資産2.5億ドル以上の投資顧問型独立系アドバイザーの中央値。
（出所）　Charles Schwab. "2019 RIA Benchmarking Study."（July, 2019）より筆者作成

図表２－19　RIAの組織と報酬

回答者の役職		報酬					勤続年数（%）			資格（%）		
	回答者（人）	報酬（20パーセンタイル、万ドル）	報酬（50パーセンタイル、万ドル）	報酬（80パーセンタイル、万ドル）	業績連動報酬を支払う業者比率（%）	役員・従業員に自社株を提供する業者比率（%）	10年未満	10～19年	20年以上	CFA	CFP	CPA
営業 顧客担当責任者	196	6.9	11.3	25.3	67	34	32	37	31	2	17	6
上級リレーションシップ・マネージャー	1,590	13.4	23.1	44.8	60	46	16	41	43	11	60	15
中堅リレーションシップ・マネージャー	1,220	7.2	10.4	16.2	73	12	58	30	12	6	51	7
初級リレーションシップ・マネージャー	1,325	4.9	6.2	8.0	76	2	62	25	13	1	5	2
事業開発担当者	250	6.8	14.0	29.2	54	23	28	31	41	2	21	5
マーケティング担当者	186	5.0	7.2	11.0	75	6	58	28	14	0	1	1
投資 ポートフォリオ・マネージャー	746	10.1	17.3	34.3	61	33	25	37	38	43	23	6
ファイナンシャル・プランナー	556	6.3	9.0	15.0	68	14	60	24	16	3	59	12
リサーチ・アナリスト	403	6.4	9.5	15.1	77	5	69	21	10	38	6	5
ファイナンシャル・プランナー補佐	334	5.1	6.5	8.3	83	2	84	10	5	2	26	4
ポートフォリオ関連事務	440	5.4	6.8	9.2	85	3	57	25	19	2	4	2
トレーダー	236	5.5	7.5	10.5	81	5	56	30	14	6	2	1
総務 総務担当責任者	430	7.2	10.1	15.3	73	13	30	40	30	2	5	2
初級総務	561	4.4	6.0	8.0	73	1	63	25	12	1	1	2
初級コンプライアンス	111	5.6	7.0	9.7	70	2	46	42	12	2	4	5
店舗管理者	353	4.4	6.5	9.2	68	3	41	32	26	0	1	1
経理担当者	188	5.7	7.9	11.0	72	3	29	29	42	0	2	21
人事担当者	64	6.7	11.0	15.8	80	9	30	30	41	2	0	5
情報管理技術者	159	6.2	9.0	14.1	82	8	42	34	24	1	1	1
役員補佐	314	4.4	5.6	7.6	71	3	44	31	26	0	0	1
受付	300	3.7	4.6	5.8	73	1	54	29	17	0	0	0

（注）　CFAは証券アナリスト、CFPはファイナンシャル・プランナー、CPAは公認会計士。報酬は株主への利益分配を含む、現金報酬の合計額。

（出所）　Charles Schwab. "Schwab RIA Compensation Report." (February, 2020) より筆者作成

るのであろうか。**図表2-19**によれば、営業担当者や総務担当者についで採用されているのが、ポートフォリオ・マネージャーやファイナンシャル・プランナー、リサーチ・アナリスト等である。そしてこれら専門家は営業担当者並みにCFA（証券アナリスト）やCFP等の資格を有し、経験も豊富である。つまり大手になればなるほど、投資にかかわるアドバイスは、専門家との分業体制が敷かれており、営業担当者は顧客との面談に専念できる仕組みとなっている。専門家の報酬も営業担当者に準ずる水準となりつつある。そして近年は、こうしたスタッフにも、成長著しいRIA法人の株式で報いる動きが顕著になりつつある。後述するように、独立系アドバイザー法人の買収・合併が盛んとなっているなかで、株式報酬の魅力が上がっているためである。

3 米国独立系アドバイザーの課題

（1） 独立系アドバイザー大手の素顔

　金融専門誌バロンズは、総資産、収益、サービスの質等の観点から独立系トップ・アドバイザー100人を毎年選出している。**図表2−20**はその上位5人を抜粋したものであるが、彼らはいずれも投資顧問的なアドバイスを提供していることがわかる。ただしその業態は、投資顧問型、ハイブリッド（独立RIA型、企業RIA型）とさまざまで、営業地域も大手証券のように都市に集

図表2−20　独立系トップ・アドバイザーの素顔

2019年ランク	名前	企業	本社	顧客タイプ	預り資産（億ドル）	最低預り資産（万ドル）	典型的な顧客の預り資産（万ドル）
1	パウェル氏	ケイン・アンダーソン・ルドニック	カリフォルニア	富裕層超富裕層基金	295.28	500	850
2	ジャング氏	ジャング・ファイナンシャル	ミシガン	個人富裕層超富裕層	35.03	100	200
3	オース氏	アメリプライズ（IBD）	デラウェア	個人富裕層超富裕層機関投資家等	26.22	25	569
4	カサディ氏	カサディ＆カンパニー	バージニア	個人富裕層超富裕層	32.4	100	150
5	クロニン氏	マンチェスター・キャピタル・マネジメント	カリフォルニア	富裕層超富裕層基金	36.6	1,000	2,500

（注）　個人とは預り資産100万ドルまで、富裕層は100万〜1,000万ドル、超富裕層は1,000万ドル超を指す。
（出所）　"America's Best Independent Advisors." Barron's.（2020）より筆者作成

中しているわけではない。つまり、自分の営業スタイルにあった体制を整えることが肝要といえそうであるが、アドバイザーが皆これを自力で実現できるとは限らない。そこで彼らの取りまとめ役も登場した。

(2) 証券外務員型独立系アドバイザーの大型化を牽引するスーパーOSJ

OSJ（Office of Supervisory Jurisdiction）は、証券外務員の監督者のいる支店を指す。通常、支店長が監督の役割を担うのは、その支店がOSJに定められているからである。しかし独立系アドバイザーの営業行為は、一人店舗でも行われる。このような場合、営業担当者が内部管理責任者となることも

典型的な顧客の純資産（万ドル）	チームの人数（人）	経験年数（年）	顧客数（家計数）	概要
2,000	22	27	1,062	ケイン・アンダーソン・ルドニックは、起業家の三者の資産を運用するために1984年にファミリー・オフィスとして創業。翌年より富裕層向けビジネスを開始したRIA。パウェル氏は現代表。
300	10	29	1,570	RIAでコミッションは受け取らない。従来はアメリプライズおよびLPLの証券外務員型独立系アドバイザー。カストディアンはLPL、チャールズ・シュワブ、TDアメリトレード（現シュワブ）。
1,438	18	33	1,084	アメリプライズ所属で、オース・ファイナンシャル・グループを運営する企業RIA型ハイブリッド。ファイナンシャル・プランニング的アプローチを採用。女性アドバイザー・ランキングでは全米トップ。
200	60	43	2,150	創業者のカサディ氏は、1977年より証券営業を行い、1993年に同社を創業。ファイナンシャル・プランニングと資産運用サービスを提供。証券業務はロイヤル・アライアンス（IBD）経由で提供する独立RIA型ハイブリッド。
6,000	38	34	175	同社はファミリー・オフィスとして創業された。他の一族の資産の運用もするようになり、1993年に投資顧問登録。

できるが、利益相反の可能性に特別な注意を払う必要があること、営業外の業務に時間をとられてしまうこと等から、近隣のOSJがその役割を担うことも多くなった。このように、監督業務のみを忠実に果たすOSJは、「伝統的OSJ」と呼ばれている（**図表2−21**）。

　しかし、コンプライアンス情報を握るOSJは、営業担当者の行動も掌握している。これらをみれば、優秀な営業担当者に共通する行動や、特定の営業担当者をライバルと比べたときの改善点等もみえてくる。そこでOSJのなかには、監督業務からさらに一歩踏み込み、証券業者の提供する営業支援を独立系アドバイザーが活用できるよう、手助けをするところが出始めた。こうしたOSJは「ファシリテーター」と呼ばれている。

　ファシリテーターが必要になったのは、証券業者の支援策が多岐にわたり、アドバイザーが自分に最も適したツールを選べるようになったからである。こうした体制は一方で、支援策の導入検討・比較・活用方法の理解・試

図表2−21　OSJの3タイプ

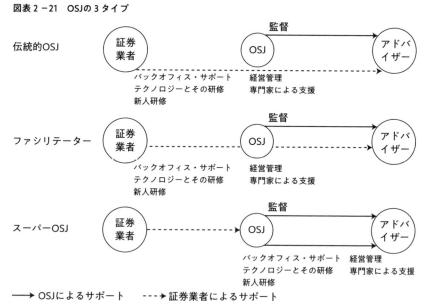

（出所）　Aite Group. "The Evolving OSJ: Emerging Business Models."（2016）.

102

運転、といった時間がとりにくい小規模な独立系アドバイザーを苦しめることにもなっていた。ファシリテーターは、このような悩みを解決しようというのである。

さらに、証券業者を超える支援を独自に開発・提供し、これをビジネス化しようという動きも出てきた。こうした行動をとるOSJは、「スーパーOSJ」と呼ばれている。スーパーOSJが提供する支援とは、マーケティング、経営・営業指南、研修、営業ツール等で、証券業者と重なる部分も多い。それでも自らもアドバイザーであるOSJが、仲間のフィードバックも受けながら開発する支援策は、細部への配慮が行き届いたものに仕上がるようである。独立系アドバイザーがまとまれば、運用・証券業者に対する交渉力が増すということもある。

当然、OSJ独自でシステム開発も行うとなると、それなりの資本も必要となるし、採算をあわせるためには規模の経済を働かさなければならない。そこでスーパーOSJは、引退する独立系アドバイザーの顧客を引き取ったり、目をつけた独立系アドバイザーを買収したり引き抜いたりして、積極的な規模拡大も目指す。もちろん、アドバイザーが独立したまま、使用料を支払い、システムのみを利用することもある。

このようなスーパーOSJの１つであるインデペンデント・ファイナンシャル・パートナーズは2019年、200人超の独立系アドバイザーを率いてIBDのLPLを離れ、証券業者として免許を取得し、再出発した。証券業者の汎用的なシステムでは、アドバイザーにとって真に使い勝手の良い支援ができないと判断したためである。現在は、カストディアン４社と取引を行ったり、自前のアドバイザー向けシステムを構築する等して、独立系アドバイザーを240人にまで拡大し、預り資産は60億ドルとなった。

(3) 統合が進むRIA

RIAの世界では、預り資産が10億ドル以上になると、「ビリオン・ダラー・RIA」と呼ばれ、一目置かれるようになる。金融危機の前後から、大手証券

のトップ営業担当者の独立化傾向が強まり、成長が加速していた。それに伴い、ウェルステックと呼ばれる個人向けサービスを支えるテクノロジー業者が台頭しているため、彼らは大手勤務時とそん色のない環境を整えやすくなっている。

　加えて近年は、買収・合併による統合が進み、RIA市場のわずか5％を占める預り資産10億ドル以上のアドバイザーが、資産の63％を占める[21]。そして統合のメリットとして、顧客エクスペリエンスの改善（77％）、顧客サポートの後方支援（64％）、より多くのサービスが提供できる（59％）があげられている。

　また買収する側の理由としては、優秀な人材の確保（87％）、営業地域の拡大（78％）、預り資産シェアの拡大（52％）がある[22]。一方で、売却の理由はオーナーが株式を流動化したい（61％）、事務的負担を減らして接客に専念したい（57％）、事業承継計画がないため（43％）であった。

　こうした統合の背景には第一に、RIAの先駆者達が引退期を迎えていることがある。また買収による規模拡大を目指すコンソリデーターが登場したことも、細分化された市場の再編に拍車をかけている。さらにRIAは個人向けサービスの理想型ととらえる向きも増えていることから、PEや大手金融機関も食指を伸ばしている。実際、RIAの買収者内訳をみると、3割弱はアドバイザー同士の合併であるが、コンソリデーターが4割超を占め、PE等のその他が2割を占めている（**図表2−22**）。

　象徴的な案件が、2019年のゴールドマン・サックスによるユナイテッド・キャピタルの買収である。ユナイテッド・キャピタルは、2018年のRIAの預り資産ランキング第7位の大手で、コンソリデーターとしても知られていた。

　この案件が注目されたのは、名門投資銀行ゴールドマン・サックスが個人

21　Focus Financial Partners. "Investor Day." (November 20, 2019).
22　Fidelity. "M&A Valuation and Deal Structure-Insights from Leading Serial Acquirers." (2020).

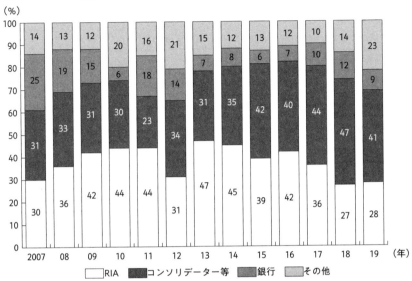

（出所）　Echelon Partners. "The 2019 Echelon RIA M&A Deal Report."（2019）.

　向け業務を拡大する手段として、伝統的証券業者ではなく、RIAを選んだか
らである。というのも2008年の金融危機を経て、大手投資銀行で実質的に独
立を保つことができたのはモルガン・スタンレーとゴールドマン・サックス
だけであった。前者はその後個人向け業務に強い証券業者を買収して金融危
機時を上回る純利益を計上したのに対し、法人業務に特化し続ける後者は金
融危機前のピーク水準に戻っていない。そのためどのような形態で個人向け
業務に参入するのかが注目されていたのである。
　PEとコンソリデーターは、ともに買収の繰り返しによる企業価値の向上
を目指す。ただし前者はアドバイザー業務が本業ではなく、買収した業者の
財務体質を改善して、最終的には売却による利益確保を目指す。これに対し
てコンソリデーターは自身もRIAで、既存のインフラやノウハウを他社にも
提供することで、アドバイザーの連合体をつくろうとする。
　コンソリデーターの統合の仕方には親会社と合併するか否か、買収された

企業のブランドや経営陣を残すか否か等により、いくつかのタイプがある。買収をせずにプラットフォームだけを提供する場合等もある。コンソリデーターによっては、株式交換のかたちで買収したうえで、買収されるアドバイザーを経営陣として迎える場合もある。買収される側の経営者は、より大きな法人の経営に参画できることから、「身売り」という感覚はない。こうしたコンソリデーターの1つであるフォーカス・ファイナンシャルは、2004年の創業時から買収による拡大志向で、2020年には63社の連合体となった[23]。同社の場合は買収したアドバイザーをパートナーと呼び、社名や経営陣も残して独立性を維持する。パートナー企業の経営陣は500人以上、店舗数は200以上、従業員は3,000人以上にも及ぶ。預り資産は2,000億ドルを超え、年間収益は12億ドルである。2018年には独立系アドバイザーとして初めて新規公開を果たした。

　同社には、買収に携わる事業開発やリレーションシップのマネージャーが35人以上、法規制担当者が9人、テクノロジー・オペレーション担当者が6人、財務のデュー・デリジェンス担当者が10人以上いるという。そのため、2019年はRIA市場の合併・買収案件数の2割と、圧倒的なシェアを誇る。同社の場合は、自身で買収を繰り返すのみならず、パートナー企業の買収も支援することに特徴がある。2019年は34件の買収を行ったが、その8割はパートナー企業による買収だという。

　同社事業のもう1つの柱は、独立を希望する大手証券のトップ営業担当者向け支援で2019年はこうした案件が2割弱を占めた。彼らとそのチームを独立前から支援して、独立とともにパートナー企業として取り込むのである。

(4) 投資顧問型「独立系アドバイザー」から「個人向け投資顧問業者」へ

　これまでみてきたように、勃興期のRIAは、大手証券で腕に自信のあるア

23　Focus Financial Partners. "Investor Day."（November 20, 2019）.

ドバイザーが、独立する時の形態の1つであった。したがって、その大半は法人形態をとっていても社の顔はアドバイザーで、顧客もアドバイザーについて証券業者を変わっていた。しかし、買収等により、アドバイザー法人が大型化するにつれ、アドバイザー個人ではなく、組織としてのブランドができあがりつつある業者が登場している。それとともにRIAの台頭以前からひっそりと存在していた個人向け投資顧問業者も、RIA市場に合流しつつある。

　そうした個人向け投資顧問業者の1つが、確定拠出年金の加入者向けにアドバイスを提供してきた業者である。その先駆者がファイナンシャル・エンジンで、1998年より確定拠出年金の加入者に対し、オンライン・アドバイスを提供してきた。彼らは2018年にファイナンシャル・プランニング業者エデルマンと合併して、RIA法人ランキングで2020年トップとなっている（**図表2−23**）[24]。

　第2位のクリエイティブ・プランニング、第3位のプライベート・アドバイザー・グループ（PAG）、第4位のマリナー・ウェルス・アドバイザーはいずれもコンソリデーターである。ただしPAGはLPLのOSJでもある独立RIA型のハイブリッドである。

　第5位のモネタは大恐慌期から営業を行う老舗である。現在は、包括的なファイナンシャル・プランニング等をあたかも富裕一族のCFO（最高財務責任者）のような立場で提供するサービス、企業年金を提供する企業がFDを果たせるように導く年金コンサルティング・投資教育、ファミリー・オフィス・サービス等を提供している。

　なお、ファミリー・オフィスというのは、超富裕な特定の一族のためだけの資産管理業者を指す。こうしたファミリー・オフィスのなかには、次第に

24　バロンズ誌は、図表2−20の独立系アドバイザー・ランキングも発表している。これらは重複する顔ぶれも多いが、RIAランキングは、法人としてのブランドを全面に出した業者を含む。Garmhausen, Steve. "2019 Top Independent Advisors." Barron's. (September 13, 2019).

図表2-23　RIA法人ランキング

2019年 ランク	RIA法人	本社所在地	顧客数 (人)	アドバイ ザー数 (人)	拠点数	営業 州数	預り資産 (億ドル)
1	エデルマン・ファイナ ンシャル・エンジン	カリフォルニア	1,210,000	310	178	49	2,290
2	クリエイティブ・プラ ンニング	カンザス	27,838	286	29	16	479
3	プライベート・アドバ イザー・グループ	ニュージャー ジー	55,033	640	286	35	212
4	マリナー・ウェルス・ アドバイザー	カンザス	17,708	299	35	22	294
5	モネタ・グループ・イ ンベストメント・アド バイザー	ミズーリ	4,660	105	2	1	202

(注)　バロンズ誌が預り資産、収益、サービスの質等を総合評価したランキング。
(出所)　"America's Best RIA Firms." Barron's. (2020)、"RIA Data Center." InvestmentNews. (2020)、

複数の一族の資産管理を行う業者も登場していた。ところが2011年の規則改正により、特定の一族以外にもサービスを提供するファミリー・オフィスは投資顧問登録が必要となったことから、登録を行ったうえで、営利を追求するところがRIA市場で存在感を示すようになった。**図表2-20**のケイン・アンダーソン・ルドニック、マンチェスター・キャピタル・マネジメントはこうした元ファミリー・オフィスである。これらが投資顧問業者となったことから、モネタ等、もともとの投資顧問業者も逆にファミリー・オフィス同等のサービスを提供するようになった。

うち一任 （億ドル）	うち助言 （億ドル）	平均 預り資産 （万ドル）	概要
2,290	na	15	1986年ファイナンシャル・プランニング会社エデルマン創業。1996年確定拠出年金の加入者にオンライン・アドバイスを提供するファイナンシャル・エンジン創業。2018年に両社が合併。
na	na	157	創業者のマロック氏は、相続対策専門の弁護士で、11社のアドバイザーと協業していたが、彼らが税引き後の投資収益に無頓着なことから商機があると考え、2004年にファイナンシャル・プランニング業者を買収して同業務に参入。買収を繰り返して拡大。
211	0.38	25	1997年創業。買収により拡大したRIAだが、LPLのOSJでもある（独立RIA型のハイブリッド）。将来的に完全独立したい独立系アドバイザーの足がかりにもなれるよう、契約解除要件が緩い。
na	na	138	2006年創業。2018年に運用業者を売却して得た原資でRIAを買収。2020年よりプラットフォーム・プロバイダーのダイナスティ社のシステムを利用して同業務にも参入。
92	110	80	1933年大恐慌時からファイナンシャル・プランニングを提供。現在はファミリーCFO、ファミリー・オフィス、年金コンサルティング・加入者教育等を提供するRIA。顧客家族：アドバイザー比率は48：1ときわめて低い。

"RIA Survey & Ranking 2019." Financial Advisor.（July, 2019）より筆者作成

4 独立系アドバイザー経済圏（エコシステム）の確立

　独立系アドバイザー勃興期は、本人が自社の経営から事務処理業務まで行うのが当たり前であった。しかしアドバイスが多様化、複雑化し、法人としての規模が大きくなると、証券業者や運用業者が、注文執行・保護預りや商品供給を超えて、営業支援を充実させるようになった。しかし、両者とも規模の経済が働きやすい業態であることから、汎用化には長けてもアドバイザー各人のニーズにあった支援が提供できるとは限らない。そこでよりきめの細かい支援を行う業者も台頭した。前述のOSJやコンソリデーターも、その一角を担ってきたといえる。こうして米国では、独立系アドバイザーを中心とする経済圏（エコシステム）ができあがった。

　これら支援業者の目的は、アドバイザーの生産性を上げるべく、彼らが顧客と過ごす時間を増やす支援を行うことに尽きる。たとえば典型的な独立系アドバイザーは、法人の経営に2〜3割、資産運用に3〜4割、顧客とのかかわりに3〜5割の時間を費やすが、この配分を1割、1〜2割、7割に変

図表2-24　LPLのアドバイザー支援

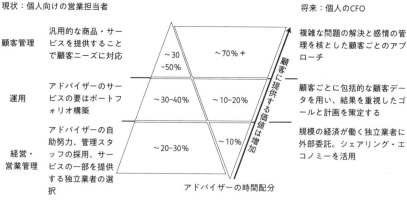

（出所）LPL Financial. "LPL Investor Presentation, 4Q, 2018." (February 19, 2019).

化させられれば、生産性が上がると考えているのである（**図表2－24**）[25]。

　注目すべきことは、顧客との時間確保を最優先する以上、資産運用業務さえ外部委託することも辞さない。勃興期の独立系アドバイザーとは、「腕の見せどころ」も異なるのである。

（1）　カストディアンとなった証券業者

　第一の支援者は、証券業者である。勃興期の彼らが提供したのは商品プラットフォームと、発注および口座管理システムであった。これに、従業員型アドバイザーであれば得られるような営業支援、すなわち情報やリサーチ、研修・セミナー、広報活動等の支援が加わった。

　さらに証券業者は顧客の口座を通してデータを有していることから、これらを使ったさまざまな営業支援、さらには経営指南まで行うようになった。特にRIAと証券業者は所属関係がないことから、RIAを支援する証券業者は自らを「カストディアン」と呼ぶ。保護預り口座で有価証券を預かるのにとどまらず、年金基金等のカストディアンである信託銀行のように、取引やパフォーマンス等の報告や評価等も行うようになったからである。カストディアン色を強めているこれらの証券業者によっては、チャールズ・シュワブのように、独立系アドバイザーが他の証券業者に発注することも認めている。そのような場合も顧客は主たるカストディアンである同社から、一元化された報告書等を受け取れる。

　なお、「カストディアン」市場には、クリアリング・ファームも参入した。彼らはもともとIBD等、小規模証券業者の黒子であった。しかし、証券業者数が減少を続ける一方で、RIA数は増加の一途をたどっているため、後者も直接顧客とし始めたのである。

　図表2－25は、こうした付加価値競争の先端を行くチャールズ・シュワブの支援である。

25　LPL Financial. "LPL Investor Presentation, 4Q, 2018." (February 19, 2019).

図表 2 −25　チャールズ・シュワブのアドバイザー支援

営業支援サービス		事業支援サービス	
提供商品	株式、債券、投資信託、ETF、SMA・UMA、証券総合口座（預金を含む）、オルタナティブ商品、仕組商品、変額年金、寄付ファンド、医療費・教育費用口座、住宅ローン、住宅担保ローン、証券担保ローン枠、ロボ・アドバイザー	独立支援チーム	事業開発担当者を中心に、顧客の資産移管を進めるトランジション・サービス担当者、テクノロジーの選択などを支援するエンジニア、独立後の担当者となるリレーションシップ・マネージャーでチームを編成
法人顧客向けサービス	包括的・提携型確定拠出年金、ストック・パーチェス・プラン（持株会）、株式報酬制度	独立後の収益シミュレーション	預り資産等から独立後の収益予想を試算
超富裕層、ファミリー・オフィス、機関投資家向けサービス	信託、相続対策、税務資料作成支援、慈善活動支援、プライム・ブローカレッジ	コンサルティング	独立、事業、テクノロジーのコンサルティング
営業支援チーム	リレーションシップ・マネージャー、オペレーション、商品、トレーディング・チーム等1,800人	エグゼクティブ・リーダーシップ・プログラム	現役アドバイザー向けの1年間の研修プログラム
リサーチ	自社および割引購入できる独立業者のリサーチ	RIAタレント・アドバンテージ	採用、人材開発、ダイバーシティに関する情報、ツール、コミュニティを提供するプログラム
研修等	アドバイザーの年次総会、オペレーション担当者向けワークショップ、各地域で開催するセミナー・勉強会・交流会、オンディマンド・ライブ講習等	夏期大学生向けインターンシップ	8週間のプログラム。アドバイザーは卒業生を採用できる
顧客用取引明細書	カスタマイズ可能	マーケティング支援等	全国的広告キャンペーン、投資家教育、デジタル・マーケティング支援、マーケティング・エージェンシー紹介等。ロビー活動も行う
注文執行・資産管理・報告システム	同社の基幹システム	シュワブ・アドバイザー・ネットワーク	預り資産50万ドル以上の顧客に適したアドバイザーを、同社の基準を満たした200人のなかから紹介
シュワブ・アライアンス	顧客向けオンライン口座管理システム。カスタマイズ可	FindYourIndependentAdvisor.com	アドバイザーと顧客のマッチング・サイト
テクノロジー・ベンダーのサービスと連携	経営管理、リサーチ・分析、ポートフォリオ・マネジメント・システム等	M&A情報サイト	アドバイザー同士を結びつけるM&A情報サイト
		アドバイザー調査	事業概要、報酬、意識等の調査

(注)　寄付ファンドは投資信託で運用する寄付用の税制優遇口座。プライム・ブローカレッジはヘッジファンドに売買注文の執行、決済、資産管理、資金供与等を行うサービス。
(出所)　Charles Schwab. "Emerge Stronger." （2020）等より筆者作成

商品は投資商品に加え、預金やローン等がある。またネット証券専業だった同社が、アドバイス機能の強化手段として注力するのが投資一任サービスで、独立系アドバイザーとの裁量の分担に応じて4種類のメニューを用意している（**図表2−26**）[26]。

同社の投資顧問部隊がすべてを行う中央集権型（セレクト）、パフォーマンス評価までは行わないアクセス、商品プラットフォームを提供するのみのマーケットプレース、同社と連携を行っているTAMP（Turnkey Asset Management Program、投資一任システムの提供業者）のサービス、である。後者2つについては運用のデュー・デリジェンス（精査）の責任を基本的に負わないことから、RIAの顧客は、シュワブのみならず、これらの業者とも一任契約を結ぶ必要がある。

もっとも大きな裁量を好むRIAといえども、分析や事務処理負担の重圧に耐えられるとは限らない。そのため、同社の投資顧問部隊は、さまざまなシ

図表2−26　チャールズ・シュウブが提供する投資一任サービス

	TAMP	マーケット プレース	アクセス	セレクト
多様な運用業者・戦略	✓	✓	✓	✓
フィーや最低運用資産額はシュワブが事前に運用業者と交渉			✓	✓
シュワブの投資顧問部隊が運用業者のデュー・デリジェンスを行う			✓	✓
シュワブの投資顧問部隊が運用やそのパフォーマンスのリサーチ・評価を行う				✓

（出所）　Charles Schwab. "Managed Accounts & Turnkey Asset Management Providers（TAMPs）."（2020）.
　　　https://advisorservices.schwab.acsitefactory.com/serving-your-clients/products/managed-accounts-tamps（2020年8月30日アクセス）より筆者作成

26　"Charles Schwab. "Managed Accounts & Turnkey Asset Management Providers（TAMPs）."（2020）
　　https://advisorservices.schwab.acsitefactory.com/serving-your-clients/products/managed-accounts-tamps（2020年8月30日アクセス）

ナリオや運用業者の組合せから計算されるパフォーマンスやリスク等の分析情報を提供したり、これらを盛り込んだカスタマイズ・プレゼンテーションの作成を支援したりする。また一任口座サービス・チームは既存口座の質問対応や新規口座の申込書作成支援等を行っている。

　また特定の顧客層に対応したメニューもある。企業オーナーである顧客に対しては、確定拠出年金や、持株会類似のストック・パーチェス・プラン、ストック・オプション等の株式報酬制度等を、福利厚生サービスとして提供する。その中心となる確定拠出年金に関しては、チャールズ・シュワブが包括的に提供するタイプと、アドバイザーが運用業者や運営管理機関を選んだり投資教育を行ったりし、チャールズ・シュワブがカストディアンに徹するタイプがある。

　さらに超富裕層や機関投資家に対しては、信託、相続対策、税務資料作成支援等のサービスを提供する。アドバイザー・チャネルの2018年預り資産1.6兆ドルのうち、約半分が家計資産500万ドル以上、2割超が家計資産2,000万ドル以上の顧客だからである[27]。また同社には、ファミリー・オフィスのアドバイザー対応専門チームもあることから、彼らの資産2,440億ドルを預っている。企業年金を除く機関投資家2,630億ドル、事業法人1,220億ドル、基金等620億ドル、慈善活動組織250億ドルの資産も預かっている[28]。

　マーケティング支援としては、RIAの認知度を高める活動と、特定のRIAの営業を支援する活動がある。前者は、全国的な広告キャンペーン、RIA検索サイトの運営、投資家教育等である。たとえば投資家教育では、個人に自分にあったアドバイザーの見つけ方等も啓蒙している。後者の例としては、マーケティング・エージェンシーの紹介等も行っている。

　人材開発も、成長著しいRIAが支援を必要としている分野である。チャールズ・シュワブは採用・人材開発にかかわる情報を提供するほか、自社のインターン卒業生をRIAが採用できる仕組みをつくったり、現役アドバイザー

27　Charles Schwab. "The Power of Possibility." (2018).
28　Charles Schwab. "Maximize the Possibilities Ahead." (2018).

のための幹部研修プログラムを構築したりしている。

　同社の基幹システムが、注文執行・口座管理・報告システムであることは前述したが、これは2020年8月現在、各種ベンダーと196のサービスで連携している[29]。出自がさまざまなRIAにとって、独立後も使い慣れたシステムを使えることが、カストディアン選定の条件の1つとなるため、アドバイザーのインターフェースは多いほどよいとされるからである。これらベンダーのサービスで最も多いのが、リスク分析を含めたリサーチ・分析ツールで、経営管理、ポートフォリオ管理、顧客管理（CRM）システム等が続く（図表2−27）[30]。

　最先端のシステムの多くを自前で構築しようとする大手金融機関とは対象的な動きである。ただし、RIAの生産性を上げるため、システムの連携による「プラグ＆プレイ」も重要である。よってデータの日次のやりとり（68サービス）、シングル・サイン・オン（30サービス）、API接続（アプリケー

図表2−27　チャールズ・シュワブと連携するテクノロジー・ベンダーのサービス

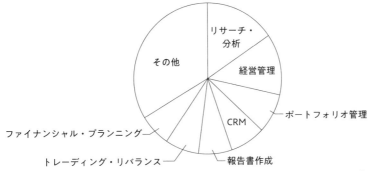

（出所）　Charles Schwab. "Provider Listings." https://advisorservices.schwab.com/provider-solutions
（2020年8月1日アクセス）より筆者作成

29　Charles Schwab. "Provider Listings."（2020）
　　https://advisorservices.schwab.com/provider-solutions（2020年8月1日アクセス）
30　Charles Schwab. "Provider Listings."（2020）
　　https://advisorservices.schwab.com/provider-solutions（2020年8月1日アクセス）

ション・プログラミング・インターフェース、25サービス）が実現している。それだけでなく、同社はテクノロジー・コンサルティングやテクノロジーの活用状況の分析（テクノロジー適用スコアカード）も提供する。後者はたとえば特定のアドバイザーの顧客で、電子取引明細書を受け取っている顧客比率等の推移を、RIA平均と比較するといった分析である。

なお、近年は、これら営業支援にとどまらず、RIA法人の経営に踏み込んだ支援も行う。アドバイザーが金融機関の正社員のうちから独立コンサルティングを行うこともあるし、独立が決まれば専用の顧客資産移管チームが、スムーズな独立を支援する。

独立後もリレーションシップ・マネージャーを中心に、オペレーションや商品の専門家が支援を行い、RIAに課題があるときは成長過程に応じたコンサルティングを行う。その際、参考にされるのが、同社が毎年RIAに対して行っている事業概要調査のデータベースである。この調査に参加するRIAは、平均と比べた自分の立ち位置がわかるため、改善点が浮き彫りになる。さらに事業拡大・売却を狙うRIAには、M&Aの支援等も行う。

(2) 運用業者による支援

証券業者と並ぶアドバイザーの支援者といえば、運用業者の営業職、ホールセラーであろう。伝統的なホールセラー組織は、外回りのエクスターナル・ホールセラーと本社勤務のインターナル・ホールセラーからなる。前者は担当地域に住み、アドバイザーを訪問して商品の説明等を行う。一方、後者はアドバイザーからの質問等を電話で受けるといったサポート的な役割を果たしてきた。現在も、年3回程度、ホールセラーと面談を行い、新規商品に関する説明や、既存商品情報のアップデート等を期待するアドバイザーは少なくない[31]。

しかし近年の運用業者を取り巻く変化は、専門誌が「ホールセラーの死」

---

31 Britton, Diana. "The Next Gen Wholesaler." wealthmanagement.com.（May 8, 2017）.

という記事を掲載したように、逆風となっている[32]。手数料の下げ圧力が高まる一方で、その手数料が何の対価であるかの説明責任が問われ、複雑な商品説明を必要としないパッシブ運用が広まっているからである。また独立系アドバイザーの興隆は郊外の小規模店舗の増加を意味するため、営業効率は下がる。しかも近年のアドバイザーはわざわざ訪問しても投資一任サービスを活用しており、自ら銘柄選択を行わない者が少なくない。

　こうした変化に伴い、運用業者も資産運用以上の支援を行わなければならなくなっている。たとえば世界最大の運用業者ブラック・ロックは、2017年にデジタル・ウェルス部門を創設し、「アドバイザーのデスクトップの管理に乗り出した」と報道された[33]。実際、同社は自前のポートフォリオ管理システムをアドバイザーにも提供しているほか、2015年にロボ・アドバイザーを買収し、2018年にはTAMP最大手のエンベストネットに4.9％出資して戦略的提携を結んだ。これに伴い、ホールセラーの業務も変容を遂げつつある。従来以上にインターナル・ホールセラーの重要性が増し、たとえばアドバイザーの顧客データをもとにストレス・テストを行うといった分析的な支援が増えているという。エクスターナル・ホールセラーもポートフォリオ・コンサルタントのようなアドバイスや、投資以外のアドバイスや情報も含めた包括的なアプローチをとるようになり、CFP等の資格を有する者も増えているという。

　このような変化の波に乗り、独立系アドバイザーから絶大な支持を経て、急成長したのが1981年に創業されたディメンショナルである。同社はもともと機関投資家向けの小型株運用の先駆者であったが、創業時より参画しているノーベル経済学賞受賞者、ファーマ氏等の学術研究を実用化して市場平均を上回る運用を手掛け、急成長を遂げた。その理論とは、「株式のほうが債券よりも、小型株のほうが大型株よりも、割安株のほうが成長株よりも期待

32　Ristau, David and Baker, Jeff. "The Death of a Wholesaler." advisorperspectives. com.（August 29, 2018).
33　Acker, Daniel. "Black Rock Flexing its Advisor Technology Muscles." Barron's.（2017).

収益率が高い」というものである。ただし、小型株は取引コストが割高になりがちであるため、計量分析に基づく運用を行い、売買コストを極力下げてきた。

　その同社が1989年に個人向けサービスに参入することになったのは、メリル・リンチ出身のRIAが、同社のファンドを販売したいとアプローチしてきたからだという。個人顧客がファンドを頻繁に売買すると、運用業者はこれに対応するために保有銘柄の売買を頻繁に行わなければならなくなるため、コストが上昇してしまう。このことを懸念した同社は、コミッションを受け取らないアドバイザーであればと考え、回転率等、さまざまな制約をつけたうえで、試しに受け入れたところ、良質な資産が流入することがわかった。

　同社のファンドは販売手数料のないノーロードであるが、運用手数料率が低めであるため、RIAにとっては、自分の手数料を上乗せする余地が大きい点も、支持者が増えた理由の１つである。こうして同社は、大手証券の営業担当者では販売できない、厳しい条件を満たしたRIAだけが販売できるファンドの業者として知られるようになった。もっとも現在は、LPLやレイモンド・ジェームズ等もフィー型サービスを拡大していることから、彼らに所属するアドバイザーも一部販売が認められている。

　同社がRIAに課す条件は厳しい[34]。同社のファンドを扱いたいアドバイザーは、まず小規模な会議に出席しなければならない。その後、地域の担当者がRIAの支店を訪れ、投資哲学や同社ファンドの活用計画等について、インタビューを行う。そして、同社の投資哲学を理解していると認められたら、２日間の研修に参加できる。一般に運用業者の研修は褒賞的な意味合いをもつ場合も少なくないが、同社の研修の費用はRIAが負担し、ノーベル賞学者の講義を受けることもできるものである。金融危機の後遺症の残る2010年当時も、こうして同社のファンド販売を認められたRIAの比率は、同社にコンタクトしてきたRIAの14％にすぎなかったという[35]。

34　Goodman, Beverly. "A Different Dimension." Barron's. (January 4, 2014).

同社ファンドの販売が認められると、RIAは手厚い営業支援を受ける[36]。従来は、中央集権型の投資一任サービスが普及していなかったため、同社からポートフォリオ構築の支援を受けるメリットは大きかったようである。また最近では、RIA市場の先駆けとして、彼らの行動に関するデータを豊富に持ち合わせていることから、これに基づく営業指南等、運用にとどまらない支援も提供している。

2003年預り資産500億ドル[37]だった同社は、2018年に5,173億ドル（世界の運用業者順位第44位）[38]に成長した。うち3,650億ドルはアドバイザー・チャネルからの資産である[39]。

(3) テクノロジー・ベンダーによるエンパワメント

従来、テクノロジーは大手金融機関にとって強みの1つであった。しかし、顧客層が多様化するなか、大手は営業担当者全員が使える汎用的なシステムを構築せざるをえない。洗練度の高い顧客は母集団が少ないため、彼ら向けに情報装備をしたいというトップ営業担当者の声は無視されがちである[40]。その結果、最先端のアドバイザーや顧客向けのテクノロジーは、むしろ独立系市場でみられるようになった。

とりわけアドバイザーとのインターフェースは多いほど、彼らの満足度が上がるため、独立ベンダーの開発および証券業者との連携競争が進んだ。その結果、統合的システムを使いこなすアドバイザーは生産性が高いことが周知の事実となりつつある。たとえば統合的システムを活用する独立系アドバイザーはそうでない独立系アドバイザーに比べ、証券型で28％、RIAで

35 Southall, Brooke. "Dimensional Fund Advisors Still Has Low RIA Acceptance Rate and Stunning Growth." riabiz.com,（September 13, 2010）.

36 Thrasher, Michael. "RIAs Adore Dimensional Fund Advisors. Just Don't Call the Disciples a Cult." riaintel.com,（October 29, 2019）.

37 Ritholtz, Barry. "Transcript : DFA's Dave Butler." ritholtz.com,（July 16, 2018）.

38 Willis Towers Watson. "The World's Largest Fund Managers - 2019."（2020）.

39 Ritholtz, Barry. "Transcript : DFA's Dave Butler." ritholtz.com,（July 16, 2018）.

40 Charles Schwab. "Mastering the Moment: Why RIAs Own the Future."（2020）.

19%、顧客と向き合う時間が多い[41]。また顧客数では前者が44%、後者が57%、預り資産では前者が100%、後者が78%、収益では前者が73%、後者が46%多い。

　こうしたテクノロジー業者のなかで、要となったのが、投資一任サービスを自前でもたない証券業者やアドバイザーに、これを提供するTAMPである。彼らによって、大手証券がほぼ独占していたSMA・ファンドラップが他のチャネルにも広がった。

　TAMPが最初に登場したのは1980年代である。1974年エリサ法（従業員退職所得保障法）が年金等の運用業者のFDを明示したところ、中堅規模以下の信託銀行等にはその負担が重過ぎたため、元祖TAMPに委託したのがその由来といわれている。その後1990年代に大手証券が投資一任サービスに注力し始め、これが資産管理型営業の要となったが、多くの金融機関には自社開発余力がなかったため、TAMPを活用するようになり、新興TAMPが存在感を示すようになった。その際、独立系アドバイザーは差別化を図るため、柔軟性の高い投資一任サービスを求めたことから、すみ分けも始まった。つまり、大手証券は中央集権型SMA・ファンドラップを主力としたのに対し、独立系アドバイザーは、顧客や営業担当者の裁量の大きいサービスを売りにしたのである。ただ、彼らがその専門性を有しているとは限らなかったため、TAMPは運用業者や投資信託の選択・モニタリング、ポートフォリオ構築の支援等も行うようになった。

　もう1つの潮流は、RIAの拡大である。彼らが自らポートフォリオを構築する傾向があることは前述したが、そのような彼らには、証券業者の注文執行システムと連携するポートフォリオ管理システムが必要である。つまり、資産全体を一元管理したり、銘柄数ではなく、アセット・アロケーションの比率に応じた発注やリバランスがワン・クリックでできる仕組みである。もちろん、証券業者がこうしたシステムを用意することも多いが、より洗練さ

---

41 Envestnet. "Technology Integration Turbocharges Advisor Productivity: Making Time for Clients." (2016).

れたシステムを求める運用業者的なアドバイザーから、ポートフォリオ構築の支援も必要とする異業種参入組のアドバイザーまで、独立系TAMPの需要は大きい。

このように、証券業者とTAMPはライバルだが、一方では提携先でもある。そのため、チャールズ・シュワブは、2010年、自前の投資一任サービスを拡大した際に、提携先TAMPも増やした。そして2019年、遂には自社のポートフォリオ管理システムを、TAMP最大手のエンベストネットに売却した。こうして2009年、わずか5,860億ドル[42]であったTAMP市場は現在2.2兆ドルにまで拡大し、これを活用する営業担当者数は18万人、その顧客数は390万人にも及ぶ。

大手証券とTAMPの切磋琢磨は、投資一任サービスの多様化を進めた。第1段階のTAMPはシステム提供を足がかりに、運用業者・投資商品の選定やアセット・アロケーション等を行った。アドバイザーや金融機関は苦手な分野をTAMPに委託すればよいことから、三者の裁量の分担が多様化した（**図表2 −28**）。

また第2段階では、資産管理型営業を発展させるために資産全体を俯瞰することが目指され、UMAやUMH（統合一任家計口座、税制優遇口座等も含めたり家族名寄せをしたりして、複数の口座を俯瞰した一任運用を行う）等が導入された。また顧客ヒアリングをもとにライフスタイルにあわせたカスタマイズやファイナンシャル・プランニングとの融合等も行い、投資一任システムをウェルス・マネジメント・ツールへと進化させた。ポートフォリオもこれにあわせ、単に投資パフォーマンスの最大化のみをねらったものだけでなく、取崩しや税の最適化を考慮して構築されるようになった。ここまで包括的なサービスを提供できれば最高280ベーシス・ポイント程度のフィーを徴収できるだけでなく、他社が管理する資産についても10〜30ベーシス・ポイント徴収できるほか、ファイナンシャル・プランニング等の手数料は別途徴

---

42 Neal, Ryan W. "Competition Among TAMPs Heats up." investmentnews.com,（August 31, 2019）.

図表 2 -28　投資一任サービスにおけるTAMPの位置づけ

大手証券 すべて自前で提供（中央集権型）		顧客ヒアリングとカスタマイズ、ファイナンシャル・プランニング等	運用業者・商品の選定・モニタリング、アセット・アロケーション、ポートフォリオ構築	投資一任システム	取引注文執行、資産管理、取引明細書作成	運用報告書等作成

その他証券業者がTAMPの顧客

	投資一任サービスはTAMPが提供	顧客ヒアリングとカスタマイズ、ファイナンシャル・プランニング等	運用業者・商品の選定・モニタリング、アセット・アロケーション、ポートフォリオ構築	投資一任システム	取引注文執行、資産管理、取引明細書作成	運用報告書等作成
	証券業者がオーバーレイ・マネージャーとなる	顧客ヒアリングとカスタマイズ、ファイナンシャル・プランニング等	オーバーレイ・マネージャー 運用業者・商品の選定・モニタリング、アセット・アロケーション、ポートフォリオ構築支援	投資一任システム	取引注文執行、資産管理、取引明細書作成	運用報告書等作成

独立系アドバイザーがTAMPの顧客

	アドバイザーがポートフォリオを構築	顧客ヒアリングとカスタマイズ、ファイナンシャル・プランニング等	運用業者・商品の選定・モニタリング、アセット・アロケーション、ポートフォリオ構築	投資一任システム	取引注文執行、資産管理、取引明細書作成	運用報告書等作成
	TAMPがポートフォリオ構築の助言をするが、アドバイザーが最終判断を下し、実質的なオーバーレイ・マネージャーとなる	顧客ヒアリングとカスタマイズ、ファイナンシャル・プランニング等	オーバーレイ・マネージャー 運用業者・商品の選定・モニタリング、アセット・アロケーション、ポートフォリオ構築支援	投資一任システム	取引注文執行、資産管理、取引明細書作成	運用報告書等作成

（注）　■はアドバイザーの業務、■は証券業務、その他は投資顧問業務。細い実線業務を証券業者とアドバイザーが、太線業務の全部もしくは一部をTAMPが提供。オーバーレイ・マネージャーは、TAMPからポートフォリオ・モデル等についての助言は受けるが、資産構成割合等を横断的にコントロールしたり調整したりして、最終判断を下す。点線が証券業者ブランド、実線がアドバイザーのブランド。
（出所）　各種資料より筆者作成

122

収することも可能である[43]。

　さらに今後は第3段階への移行を遂げるべく、予算作成、負債、保険、税、相続対策等も盛り込もうとしている。ただし、その際には、もう1つ、不可欠な技術がある。アカウント・アグリゲーションである。これは各金融機関との取引データを一元化する仕組みであるが、その水準はさまざまである[44]。

　自社外口座や家族名寄せも含めて残高、取引歴、資産・負債、資金の流出入も加えた一元化へと発展していき、先駆者はデータ分析による継続的モニタリング機能も組み込もうとしている。つまり顧客のデータが一定条件から乖離したり、通常とは異なる取引パターンがみられた場合にアラートを出したり、どのような行動をすべきかのレコメンデーションを自動提示するのである。そしてこれら機械による提案の精度が上がれば、自動取引も現実味を帯びてくる。その発展可能性を感じ取ったモーニング・スター（投資信託の格付業者）、フィデリティ（運用業者）、エンベストネットはそれぞれアカウント・アグリゲーターを買収している。

　このエンベストネットは独立系アドバイザーをテクノロジーと知識で力づけることをミッションに、1999年に創業された。現在は金融機関にも黒子としてシステムを卸していることから、そのプラットフォームを活用する2019年のアドバイザー数は10万人、その資産は約3.8兆ドルと、隠れた巨人である。当初はSMAからUMA、UMHへと、投資一任商品を中心に業容を拡大してきたが、2014年頃からは「アドバイザー中心」を掲げ、プラットフォーマーとして成長を遂げた。そして2016年にアカウント・アグリゲーション業者とデータ分析業者、2019年にファイナンシャル・プランニング・システム業者を買収し、次世代型アグリゲーションの牽引役となっている。

43　WealthAdvisor. "America's Best TAMPs 2020." (2020).
44　Kitces, Michael. "The Six Levels of Account Aggregation #FinTech and PFM Portals for Financial Advisors." kitces.com, (October 9, 2017).

⑷ 独立系アドバイザーはイノベーションの旗手

　こうしてテクノロジーを味方に独立系アドバイザーは力をつけてきたが、近年は彼らこそがイノベーションの旗手とみる向きもある。とりわけ独立系アドバイザーが先行したのが電子的コミュニケーションの取組みである。

　1990年代半ばにウェブサイトが普及し始めると間もなく、独立系アドバイザー法人は一般企業同様、自社のサイトを立ち上げ、投資哲学や、専門、得意とする顧客層等の情報を発信し始めた。これにより、潜在顧客は自分と相性の良さそうな営業担当者を事前に調べたうえで、面談を申し込めるようになり、当局もこうした事前調査を勧めている。しかし大手金融機関はコンプライアンス負担の増加を懸念したため、1999〜2000年頃までこれを営業担当者に認めなかった。また、ようやくアドバイザーにこれを認めた当初は彼らによるカスタマイズを認めなかったり、既存顧客だけがみられる仕組みにしたりする等、取組みには慎重を期した。

　オンラインによる情報発信の威力に気づいた独立系アドバイザーは、その

図表 2 −29　高成長RIAほど、電子的コミュニケーションを駆使して自らの価値を伝える

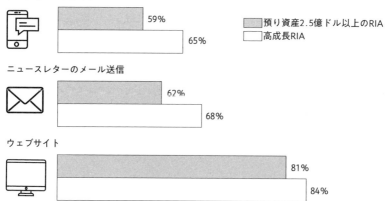

ソーシャル・メディア

59% 預り資産2.5億ドル以上のRIA
65% 高成長RIA

ニュースレターのメール送信

62%
68%

ウェブサイト

81%
84%

(注)　高成長RIAとは、チャールズ・シュワブと契約する預り資産2.5億ドル以上のRIAのうち、5 年平均純資産増加率（RIA法人の買収・売却、RIAの採用・退職、投資リターンの影響は除く）が上位20％に入るRIA。
(出所)　Charles Schwab. "Guiding Principles for Advisory Firm Success."（2018）.

後、電子メール、ブログ、ソーシャル・メディア、インスタント・メッセージ、SMS（ショート・メッセージ・サービス）等を駆使し、コミュニケーションの多様化と双方化に積極的に取り組んだ。小規模業者であれば、これらを従来型の広告、販促資料、書状等と同様に扱うことも可能だったからである。しかし大手の場合はアドバイザーに自由な情報発信を許してしまうとコンプライアンス手続が追いつかなくなるため、後手に回らざるをえなかった。

　この間、独立系アドバイザー市場では、コンプライアンス・システムが活用しやすくなり、外部に発信しようとする情報を記録したうえで、不適切な用語等を自動的に検知・通知したり、発信を事前に止めたりすることが効率的にできるようになった。FINRAも2010年、証券業者はリアルタイムの双方向コミュニケーションについては事前審査が不要で、記録・監督責任はあるが全数検査でなく、問題ある可能性が高いものをリスク・ベースで抽出検

図表2−30　ソーシャル・メディア・コンテンツ分析

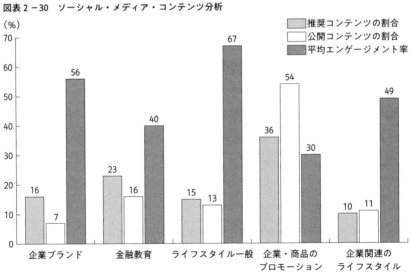

（注）　推奨コンテンツとは、金融機関のマーケティング部隊が推奨するコンテンツ。エンゲージメントとは、ユーザーが示した反応。
（出所）　Hearsay. "2020 Financial Services Social Media Content Study."（2020）.

査すればよいことを明示した。

　独立系アドバイザーによって開花した双方向コミュニケーション・ツールはいまや、顧客との関係を築くうえで無視できないものとなっており、高成長RIAほどこれを活用するとの調査報告もある（**図表 2 −29**）。

　なぜならば、顧客が反応を示すのは、アドバイザーの人間性が垣間みられるライフスタイル情報が多い。対して金融機関のマーケティング部隊が推奨したり、アドバイザーが実際に公開するのは商品情報等が多く、このギャップを埋められるのが、ほかならぬソーシャル・メディアだからである（**図表 2 −30**）。

（5）　独立系アドバイザーに優しい信託

　信託とは富裕層向けサービスととらえられがちであるが、家族構成やライフスタイルが多様化する現在、潜在的ニーズは相続対策等にとどまらない。そもそも信託とは、資産をもつ委託者が、その資産から得られる利益を他者（受益者）に与えたい場合、その資産の運用や管理を受託者に委ねる仕組みである（**図表 2 −31**）。

　受益者としては、資産を承継させたい子どもはもちろん、判断力が弱まっている高齢者、教育費や生活費の管理が不可欠な未成年、自立がむずかしい障がい者等が考えられる。委託理由としても死別だけでなく物理的に遠方に暮らしている場合もあるし、相続が絡むとしても、資産を一括で渡すのではなく、受益者が金銭的に安定した生活を送れるよう、長期にわたる管理も受託者に委ねたいという場合もある。

　当然、独立系アドバイザーもこうしたニーズに気づくことは少なくないが、信託機関に顧客資産を渡す以外に対応方法がないことが難点であった。そこで生まれたのが、「独立系アドバイザーに優しい信託機関」である。

　これらの信託機関が従来型の信託機関と大きく異なるのは、アドバイザーとの連携に注力し、顧客を奪わないことを明言したうえで、狭義の信託機能のみを提供する点である。つまり、アドバイザーが顧客の資産を信託口座に

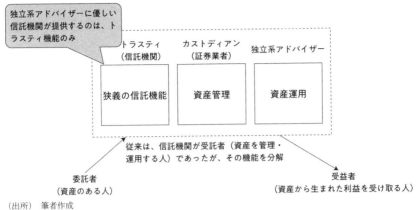

図表 2 −31　独立系アドバイザーに優しい信託機関の仕組み

独立系アドバイザーに優しい信託機関が提供するのは、トラスティ機能のみ

トラスティ
（信託機関）

カストディアン
（証券業者）

独立系アドバイザー

狭義の信託機能

資産管理

資産運用

従来は、信託機関が受託者（資産を管理・運用する人）であったが、その機能を分解

委託者
（資産のある人）

受益者
（資産から生まれた利益を受け取る人）

（出所）　筆者作成

移しても、運用のアドバイスは従来どおり、独立系アドバイザーが提供する。また資産管理機能も、アドバイザーと契約している証券業者のほうが優れていることが多く、継続利用する場合が多いため、従来どおり、投資信託等で運用できる。こうして従来型の信託サービスを機能分化したことにより、それぞれの手数料が可視化されるため、全体として低コストとなる場合も少なくない。何よりも独立系アドバイザーは、顧客との関係の中心であり続ける。

　彼らの活用は、新たな事業機会も生んだ。運用面では独立系アドバイザーのほうに一日の長があるし、地域の弁護士や公認会計士にとっても従来型信託機関に顧客を丸抱えされるよりは、独立系アドバイザーとの連携体制のほうが好ましい場合もある。また家族等の個人が受託者となる場合も、独立系アドバイザーであれば、その相談役になれる。時には家族である受託者を他の親族が不適切と考え、その行動のモニタリングを独立系アドバイザーに期待する場合もある。つまり機能分化をしたほうが顧客のニーズに柔軟に応えやすい。

　現在、「独立系アドバイザーに優しい」信託機関ランキングのトップは、LPL傘下のプライベート・トラスト・カンパニーで管理資産は1,910億ドル

である。連携アドバイザー数は約1万5,000人超、平均口座資産は150万ドルである。彼らもアドバイザーには信託関係の資料提供や営業支援を行う。

(6) 協会・資格団体

証券外務員は皆、自主規制機関であるFINRAに登録する必要がある。しかし言うまでもなく、独立型と正社員型では営業理念や手法が大きく異なるため、一枚岩とはなりにくい。一方、投資顧問業者の協会としては、任意加入制のInvestment Adviser Association（IAA）がある。大手運用業者からSEC登録の独立系アドバイザーまでが対象となるが、最も支援を必要とする小規模アドバイザー（預り資産1億ドル未満）は、州に登録する仕組みとなっているため、加入できない。むしろ独立系アドバイザーの多くはファイナンシャル・プランナーでもあることから、Financial Planning Association（FPA）が1つの拠り所となった。

「ファイナンシャル・プランニングが明日を変える」ことに共感する者が業界横断的に集うFPAでは、ロビー活動や研修、情報発信等に加え、コミュニティの醸成にも余念がない。また、金融機関の本社のような拠り所があるとは限らないファイナンシャル・プランナーにとって、ジャーナリストの紹介やメディア・トレーニング、求職・採用活動支援、個人とファイナンシャル・プランナーのマッチング・サイト等、営業支援にも事欠かないことが魅力となっている。

同協会の会員が、細かく分類されていることも注目に値する。①ファイナンシャル・プランナー資格の1つであるCFPを有し、5年以上の実務経験がある者、②CFP資格はまだないが、実務経験4年以上の者、③実務経験4年未満の新規参入者、④ファイナンシャル・プランナーを目指す者、⑤引退した元ファイナンシャル・プランナー、⑥ファイナンシャル・プランナー関連業務に従事する者等である。

こうした業界団体においては、コミュニティ育成やロビー・広報活動を優先して門戸を広げるか、会員の質の維持による差別化を優先して加入要件を

厳しくするか、は意見の分かれるところである。同協会は、会員資格を細分化することにより、その両立を目指しているのであろう。

National Association of Personal Financial Advisors（NAPFA）は、より差別化の必要性を感じたファイナンシャル・プランナーが設立した。コミッションをいっさい受け取らず、それ以外の「フィー・オンリー」の収益モデルが広まったのは、彼らの尽力による。

NAPFAの会員になるためには、「フィー・オンリー」を実践するのみならず、CFP資格を有し、投資や保険はもとより、相続・税対策や負債管理も含めた包括的ファイナンシャル・プランニングを提供しなければならない。とりわけ同協会登録アドバイザーとなるためには、包括的なファイナンシャル・プラン提供の実務経験が3年以上必要なうえ、そのサンプルを提出して会員の審査を受けなければならない。

ただし、同協会は「フィー・オンリーを目指す」アドバイザーも、「過渡期のメンバー」として受け入れている。実務経験が長くても、「フィー・オンリー」への転換はハードルが高く、メンターの叱咤激励の場も、必要と考えているからであろう。

大手組織のブランド力を活用できない独立系アドバイザーにとり、資格は自分の専門性を示す重要な武器となる。証券外務員型は、連邦および州レベルの外務員資格が必須であるが、投資顧問的業務の提供者の場合、その専門性を示す公的資格が長らく整っていなかった。資格要件の連邦規定がなく、州資格は地域差があるからである。そこで1985年、投資顧問的アドバイスを提供する8人のアドバイザーが現在のInvestment Wealth & Institute（IWI）を設立した。IWIが提供する資格には、投資一任サービスの専門家向け資格であるCIMA（Certified Investment Management Consultant）、2007年導入の富裕層対応アドバイザー向けのCertified Private Wealth Advisor（CPWA）がある。たとえばCIMA資格を取得するためには、シカゴ大学のビジネス・スクール等で5日間の講習を受け、試験を受ける。これら資格取得者は、投資一任サービス等を活用する割合が70％と一般のアドバイザーの

40%よりも高く、預り資産も前者が1.6億ドル、後者が9,600万ドルとなっている[45]。

(7) 米国独立系アドバイザーのこれから

　以上みたように、市場成長の恩恵を享受してきた独立系アドバイザーであるが、課題もある。現在、アドバイザーのうち約5万人が65歳以上で、彼らは3兆ドルの預り資産を抱えている。55〜64歳に至っては6.1兆ドルと、前線のアドバイザーの多くが引退期に入る（**図表2-32**)[46]。

　正社員のアドバイザーであれば、彼らの顧客は支店の他の営業担当者に振り分けられる。しかし独立系アドバイザーの場合は自ら事業承継計画を立てたり、後継者を育てたり、事業売却を検討したり等、課題は複合的である。実際、預り資産1億ドル以上のRIAのM&Aは、2013年は36件にすぎなかったが、2018年以降は100件を超えている[47]。

図表2-32　アドバイザーの人口動態が変革を迫る

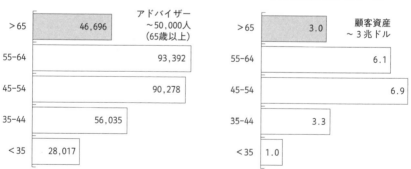

（出所）　Focus Financial Partners. "Investor Day." (November 20, 2019).

45　Cerulli Associates & Investments & Wealth Institute. "Value Of CIMA® and CPWA® Certifications." (2019).

46　Focus Financial Partners. "Investor Day." (November 20, 2019).

47　Devoe & Company. "RIA M&A Breaks Another Record and Accelerates in 2019." (2019).

しかし、これまで営業に専念してきた独立系アドバイザーの多くは準備万端とは言いがたい一方で、投資アドバイスは複雑性が増し、若手の独り立ちがむずかしくなっているという状況もある。世代交代が順調に進むかは未知数であるが、規模拡大とともに収斂化の動きは免れないであろう。

第二の課題は手数料の低下圧力とコンプライアンス負担の増加である。これまで、独立系アドバイザーのなかでもRIAは早くからフィー、なかでも資産運用以外のアドバイスの拡大を進めてきたため、他のチャネルに比べると耐性ができていた（**図表2−33**）。

最も高度な投資家保護を提供してきたという面でもコンプライアンスの強化の影響は比較的軽微であった。そうはいっても、この潮流に抗うことはできないし、実際、同じ手数料で提供サービスの多様化と複雑化は進んでいるという実態もある。テクノロジーが彼らを力づけてきたことは間違いないが、これが続けば際限ない情報投資負担も足かせになる日がくるかもしれない。また規制強化により、他のチャネルも独立系アドバイザー類似のサービ

図表2−33　チャネル別アドバイザーの収益構成

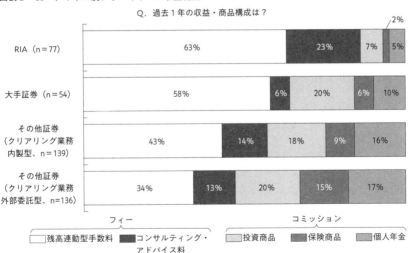

Q. 過去1年の収益・商品構成は？

（出所）　Aite Group. "The 2018 RIA Market Landscape & High Tower's Platform Offering." (June, 2018).

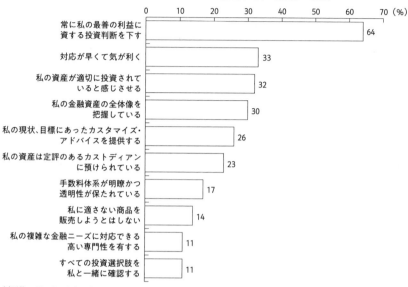

図表 2 −34　担当替えをしそうにない顧客が最も重要であると考えるRIAの特性
（これらの特性が重要であると評価した、満足度の高い投資家の割合）

特性	割合(%)
常に私の最善の利益に資する投資判断を下す	64
対応が早くて気が利く	33
私の資産が適切に投資されていると感じさせる	32
私の金融資産の全体像を把握している	30
私の現状、目標にあったカスタマイズ・アドバイスを提供する	26
私の資産は定評のあるカストディアンに預けられている	23
手数料体系が明瞭かつ透明性が保たれている	17
私に適さない商品を販売しようとはしない	14
私の複雑な金融ニーズに対応できる高い専門性を有する	11
すべての投資選択肢を私と一緒に確認する	11

（出所）　Charles Schwab. "Mastering the Moment Why RIAs Own the Future." （2020）.

スを提供するとなると、差別化がしにくくなるという悩みもある。

　第三の課題は、主流化の流れである。これまでの独立系アドバイザーは、大手にはない柔軟性や機動性を武器に、イノベーションを起こし、発展を遂げることができた。RIAと契約するチャールズ・シュワブがいまや全米最大の預り資産を誇り、大手証券モルガン・スタンレーやゴールドマン・サックスが独立系アドバイザーの経済圏に参入するといった動きをみていると、「RIAこそが次世代の証券業を拓く」という言葉も現実味を帯びてくる。しかし、RIAが支持されてきたのは、常に顧客の最善の利益に資する顧客本位な行動をとり、その規模や営業基盤の特性も生かして、顧客と最も近い距離にいたからである（**図表 2 −34**）。

　この優位性を、さらなる拡大を続けても、組織の論理に飲み込まれずに維持できるかが、独立系アドバイザーの行く末を左右しよう。

Independent Financial Adviser

第3章

英国のIFA

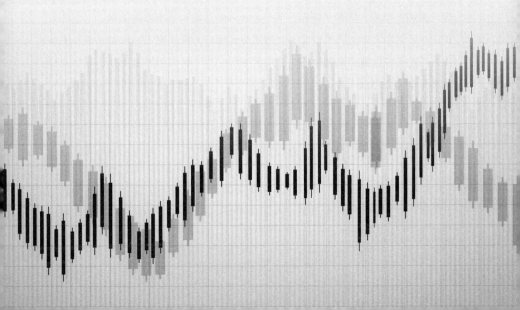

英国の金融業界においてファイナンシャル・アドバイザーは重要な地位を占めている。たとえば、投資信託の販売においては、ファイナンシャル・アドバイザーがファンド・プラットフォーム経由で消費者に提供するチャネルが3割程度を占め、最も大きな販売ルートとなっている。ただ、その事業規模は小さく、事業者の半数近くが1人のアドバイザーで成り立っている。そのため、そのミドル・バック業務を担うファンド・プラットフォーム業者を効果的に使う仕組みができあがっている。

　ファイナンシャル・アドバイザーはその業務によって独立系と非独立系に分けられる。独立系のアドバイザーは、Independent Financial Adviser、いわゆるIFAと呼ばれ、保険会社や運用会社といった商品提供会社に紐づかないアドバイザーである。ただ、実質的にはアドバイスをフィーベースで行い、市場にある金融商品のなかから顧客に適する商品群を提示するものと位置づけられている。

　この章では、IFAのビジネスの実情を金融当局への届出ベースのデータを中心に分析する。それにとどまらず、IFA拡大の背景を知るために英国の金融制度、金融市場の変遷もあわせてみていくことにする。特に1980年代以降のアドバイザーの位置づけに関する議論、2000年以降の退職後の資産形成で自助努力を求める制度の流れ、ビジネスの大きな転換点ともなった手数料制度の撤廃の成果・影響・課題、アドバイスの定義に関する議論など、現在のIFAのビジネスをかたちづくった周辺の変化にも言及する。なおできる限りIFAに絞って議論をまとめることにするが、データの限界もあり一部は非独立系を含めた議論となる。

1 ファイナンシャル・アドバイザーの サービスの内容と収益状況

⑴　ファイナンシャル・アドバイザーの事業

　英国FCA（Financial Conduct Authority、金融行動監督機構）は2016年以降、不動産、保険、投資商品に関するアドバイスを消費者向けに提供する企業に業務活動の状況を毎年報告させている[1]。

　2019年12月現在でFCAに登録されている個人向けの金融ビジネスを行う企業の数は1万1,867社（1年間の収益を報告している企業）、そのうちファイナンシャル・アドバイスを手掛ける企業は5,019社で全体の42.3％を占め、保険販売を手掛ける企業4,888社と企業数でほぼ拮抗している。

　ファイナンシャル・アドバイザーには、いわゆる投資信託などの投資商品を提供するだけでなく、保険や不動産の販売を手掛ける企業もある。ただ、収益の8割以上は投資商品の提供によってもたらされている（**図表3－1**）。

図表3－1　業種別の収益源の構成比　　　　　　　　　　　　（単位：社、ポンド）

業種	登録企業数	保険	投資商品	不動産	合計
ファイナンシャル・アドバイザー	5,019	611,574,612 (11.8%)	4,299,942,414 (82.9%)	272,987,329 (5.3%)	5,184,504,355 (100.0%)
不動産仲介	1,606	463,677,446 (33.4%)	17,403,712 (1.3%)	908,265,798 (65.4%)	1,389,346,956 (100.0%)
保険販売	4,888	17,212,276,069 (99.5%)	29,378,873 (0.2%)	49,387,740 (0.3%)	17,291,042,682 (100.0%)
その他	354	117,178,227 (44.8%)	99,656,848 (38.1%)	44,505,086 (17.0%)	261,340,161 (100.0%)
合計	11,867	18,404,706,354 (76.3%)	4,446,381,847 (18.4%)	1,275,145,953 (5.3%)	24,126,234,154 (100.0%)

（注）　2019年12月時点でFCAに登録されて1年間の収益を報告した企業が対象。
（出所）　Data from the Retail Mediation Activities Return（RMAR）、2020年7月

1　Retail Mediation Activities Return（RMAR）と呼ばれ、2016年からデータ集積を行っている。2019年データはCOVID 19の蔓延で2020年7月の発表となった。

英国において、ファイナンシャル・アドバイスを提供する企業数は5,000社を超えるものの、小規模の事業者が多いことが特徴だ。1社当りの平均アドバイザー数は5人強、また5人以下のアドバイザーで運営している企業数は4,655社と、全体の88.9%を占めている。

一方で、平均300人近いアドバイザーを抱える大手企業も45社あり、アドバイザー数に占める零細企業の比率は31.4%と3割にとどまる（**図表3－2**）。

アドバイザー1人当りの年間アドバイス収入（個人向けのアドバイスに関する収入のみ）は、アドバイザーの規模にかかわらず、ほぼ16万から19万ポンドに収斂している（**図表3－3**）。

図表3－2　アドバイザーの規模別企業数、アドバイザー数

（単位：社、人）

アドバイザーの規模	企業数	投資商品を提供するアドバイザー数	1社当りアドバイザー数
1人のアドバイザー	2,448	2,448	1
2～5人のアドバイザー	2,207	6,194	2.8
6～50人のアドバイザー	536	6,029	11.2
50人以上のアドバイザー	45	12,886	286.4
合計	5,236	27,557	5.3

（注）　2019年12月時点でFCAに登録された企業。1社当りのアドバイザーは筆者が算出。アドバイザーが複数の企業と契約をしているケースもあり、その場合はダブルカウントされている。
（出所）　Data from the Retail Mediation Activities Return（RMAR）、2020年7月

図表3－3　アドバイザー規模別のファイナンシャル・アドバイザー企業の収入状況

（単位：社、人、ポンド）

アドバイザーの規模	企業数	アドバイザー数	1社当り平均収入	1アドバイザー当り平均収入
1人のアドバイザー	2,371	2,371	166,019	166,019
2～5人のアドバイザー	2,066	5,749	518,812	186,444
6～50人のアドバイザー	435	4,702	2,047,789	189,449
50人以上のアドバイザー	36	11,686	52,036,179	160,303

（注）　2019年12月FCAに登録し、年間収支報告を提出した企業。そのため図表3－2よりも数値が小さくなっている。収入はRetail Investments Revenueのみを掲載。アドバイザーが複数の企業と契約をしているケースもあり、その場合はダブルカウントされている。
（出所）　Data from the Retail Mediation Activities Return（RMAR）、2020年7月

図表 3 − 4　アドバイザー規模別のファイナンシャル・アドバイザー企業の利益水準

(単位：社、ポンド、％)

アドバイザーの規模	企業数	1 社当り収益	1 社当り 税引き前利益	税引き前利益率
1 人のアドバイザー	2,371	208,019	89,155	42.9
2 〜 5 人のアドバイザー	2,066	624,140	197,765	31.7
6 〜50人のアドバイザー	435	2,409,121	425,527	17.7
50人以上のアドバイザー	36	68,000,404	− 1,028,415	− 1.5

(注)　2019年12月FCAに登録し、年間収支報告を提出した企業。収入はRetail Investments Revenueとそれ
　　　以外も含めているため、図表 3 − 3 とは異なる。アドバイザーが複数の企業と契約をしているケースもあ
　　　り、その場合はダブルカウントされている。
(出所)　Data from the Retail Mediation Activities Return（RMAR）、2020年 7 月

　 1 ポンド＝140円で換算すると、2,200万〜2,700万円になる。アドバイ
ザー 1 人当りのアドバイス年間収入がアドバイザー企業規模に関係なく、そ
れほど変わらない水準であることは興味深い。

　それは、アドバイザーの業務・サービスの内容は企業規模にかかわらず大
きく変わらないこと、アドバイザー 1 人当りの顧客数などもそれほど大きな
違いがないこと、などを示唆しているのではないだろうか。アドバイザーの
収益率は総じて高い（**図表 3 − 4**）。特に、プロフィットシェアリングで報酬
を得ることが多い小規模な事業者ほど収益率が高く、 1 人のアドバイザー企
業の場合、税引き前利益率は42.9％となっている（**図表 3 − 4**）。

　小規模事業者にとっては、その活動を支えるミドル・バックオフィス業務
の負担は相対的に大きくなるはず。そのため、後述するプラットフォーム・
ビジネスの活用が不可欠になる。

(2)　ファイナンシャル・アドバイザーの収入の動向

　ファイナンシャル・アドバイザーの収入形態を手数料（Commission）と
サービス・フィー（サービスに対する対価、Fees/Charges）に分けてみると、
2018年、2019年ともに、全体で約 7 割、投資商品業務だけでは 8 割以上が
サービス・フィーとなっている（**図表 3 − 5**）。

図表3－5　ファイナンシャル・アドバイザーの業務別収入形態（2018年、2019年）（単位：ポンド）

	手数料収入 (Commission)	サービス・フィー収入 (Fees/charges)	その他収入
投資商品業務	720,140,963 (17.0%) 658,627,532 (15.6%)	3,440,067,729 (81.1%) 3,562,956,063 (84.4%)	82,095,794 (1.9%) 1,734,430 (1.9%)
保険販売業務	567,705,833 (95.9%) 587,723,614 (96.1%)	22,125,080 (3.7%) 22,116,568 (3.6%)	2,125,604 (0.4%) 1,734,430 (0.3%)
不動産仲介業務	215,049,455 (83.9%) 228,690,269 (83.8%)	40,881,857 (16.0%) 43,731,525 (16.0%)	341,304 (0.1%) 565,535 (0.2%)
合計	1,502,896,251 (29.5%) 1,475,941,415 (28.5%)	3,503,074,666 (68.8%) 3,628,804,156 (70.0%)	84,562,702 (1.7%) 80.658,784 (1.6%)

（注）　上段は2018年、下段は2019年データ。
（出所）　Data from the Retail Mediation Activities Return（RMAR）、2019年6月ならびに2020年7月

　もともと英国のファイナンシャル・アドバイザー・ビジネスでは、2012年まで資産運用会社や保険会社といった金融商品組成会社からのキックバックの方式で手数料が支払われるのが慣例だった。金融当局は、その慣行が手数料の高い金融商品を販売しがちになるという「手数料バイアス」の源泉だとして、RDR（Retail Distribution Review、消費者向け金融商品販売に関する改革）で、その撤廃を宣言し、2013年1月から実施した（詳細は後述）。

　この制度変更でアドバイザー企業の収入源が大きく変わった。FCAのデータによると、2013～2019年の7年間で、手数料収入の構成比が56.0％から15.6％へと激減し、かわってサービス・フィーは36.7％から81.8％に拡大している。RDRの影響が大きく出ている（**図表3－6**）。

　FCAのデータでは2013年からのトレンドしかわからないが、英国のアドバイザーの協会であるPIMFA（The Personal Investment Management & Financial Advice Association）のデータ（The Financial Adviser Market：In Numbers, 2018）では2009年からのデータをみることができる。このデータは会員だけが対象となっているため、すべてのアドバイザー企業をカバーできているわけではないが、2009年からのトレンドをみると明らかに大きな変化が出ていることがわかる（**図表3－7**）。

　2012年の総収入は21.53億ポンドで、そのうち手数料収入は18.12億ポン

図表 3 - 6　ファイナンシャル・アドバイザーの業務別収入の推移　　　　　（単位：社、ポンド）

年次	企業数	手数料収入 (Commission)	サービス・フィー収入 (Fees/charges)	その他収入	総収入
2013	4,594	1,457,315,079 (56.0%)	953,894,224 (36.7%)	189,540,217 (7.3%)	2,600,749,520 (100.0%)
2014	4,725	1,067,371,014 (38.3%)	1,566,079,023 (56.1%)	156,473,932 (5.6%)	2,789,923,969 (100.0%)
2015	4,864	943,829,047 (31.2%)	1,951,538,857 (64.5%)	132,559,259 (4.4%)	3,027,927,163 (100.0%)
2016	4,970	843,861,392 (25.9%)	2,302,566,275 (70.7%)	109,287,426 (3.4%)	3,255,715,093 (100.0%)
2017	5,048	804,604,429 (20.3%)	3,022,515,996 (76.4%)	126,932,227 (3.2%)	3,954,052,652 (100.0%)
2018	5,131	755,529,446 (17.1%)	3,526,171,821 (79.8%)	135,879,437 (3.1%)	4,417,580,704 (100.0%)
2019	5,111	693,995,764 (15.6%)	3,636,231,935 (81.8%)	116,154,148 (2.6%)	4,446,381,847 (100.0%)

（注）　各年時点でFCAに登録されて 1 年間の収益を報告した企業が対象。構成比は筆者が算出。
（出所）　Data from the Retail Mediation Activities Return（RMAR）、2020年 7 月

図表 3 - 7　投資商品を使ったアドバイスの業務別収入の推移

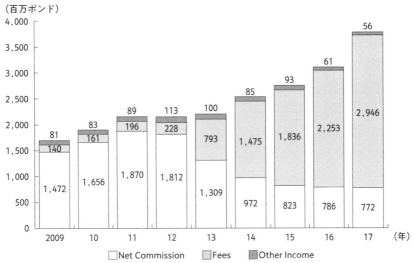

（出所）　PIMFA（The Personal Investment Management & Financial Advice Association）の "The
　　　　Financial Adviser Market : In Numbers" 2018

ド、総収入の84.2％を占めていたが、2013年には、手数料収入は13.09億ポンド、構成比は59.4％に低下。かわってサービス・フィー収入が2.28億ポンド、構成比10.6％から7.93億ポンド、構成比36.0％へと拡大している。

　２つのデータをつないで議論するのは正確性に欠くことではあるが、大まかにいってRDR導入以前は総収入の８割以上が手数料収入だったが、2018年には逆転して８割がサービス・フィーとなった。これだけの大きな変化ではあるが、注目すべきは総収入の停滞は2013年のみで、その後は拡大基調を強めていることだ。RDRによって投資信託、保険商品の販売における組成会社からの手数料収入がなくなり、一気にアドバイス・フィーへと移行したが、業界では富裕層へのシフトを急速に進めたことが収益拡大の背景にあるといわれている。

▶業態別のアドバイス収入の動向

　後述するとおり、英国のファイナンシャル・アドバイザーは、すべての金融商品のなかから適切な商品を選定してアドバイスを行う独立系ファイナンシャル・アドバイザー（IFA、Independent Financial Adviser）と販売会社に

図表３－８　独立系・非独立系別アドバイス・フィー総額の推移　　　　　（単位：社、百万ポンド）

アドバイスの分類	企業数	2016年 アドバイス・フィーの総額	企業数	2017年 アドバイス・フィーの総額	企業数	2018年 アドバイス・フィーの総額	企業数	2019年 アドバイス・フィーの総額
独立系	4,471	1,967.8 構成比66.9%	4,503	2,439.1 構成比64.4% 前年比＋24.0%	4,791	2,789.1 構成比62.8% 前年比＋14.4%	4,814	2,941.8 構成比62.4% 前年比＋5.5%
非独立系	545	973.7 構成比33.1%	546	1,348.2 構成比35.6% 前年比＋38.5%	785	1,650.3 構成比37.2% 前年比＋22.4%	763	1,771.4 構成比37.6% 前年比＋7.3%
併用	101	N/A	98	N/A	102	N/A	89	N/A

（注）　非独立系とは原文ではRestrictedと記載される、商品や企業に紐づいているアドバイザービジネスのこと。構成比は独立系と非独立系の合計を100％とした比率、伸び率は前年比でともに筆者加筆。数値は100万ポンド未満で四捨五入。主要業務がファイナンシャル・アドバイザー業務のみと回答している企業のうち2019年12月時点でFCAに登録している企業が対象。

（出所）　Data from the Retail Mediation Activities Return（RMAR）、2020年７月

紐づいている非独立系のファイナンシャル・アドバイザー（RFA、Restricted Financial Adviser、Tied FAとも呼ぶ）の2種類に大別される。

2019年のデータによると、独立系のIFAは企業数（併用企業を除いて）で86.3%に達するが、アドバイス・フィーの総額では62.4%にとどまっている。これは、独立系は少人数（1〜5人程度）でのアドバイス活動をする企業が相対的に多いことを示唆している。また、2016年からの4年間のデータをみると、企業数ベースでも、アドバイス・フィーの総額ベースでも2018年、2019年と非独立系の比率が増加している（**図表3−8**）。

(3) ファイナンシャル・アドバイザーが受け取る手数料

▶手数料の構成

RDR以降、ファイナンシャル・アドバイザーは直接、顧客からアドバイス・フィーを受け取るビジネスモデルに変更し、それまでの保険会社や資産運用会社からの手数料キックバック方式から大きく変わった。変更に伴って、消費者が支払うコストは、運用フィー、プラットフォーム・フィー、アドバイス・フィーの3つに明示されたが、2013年以降のフィー水準のトレンドは、運用フィーが低下傾向、プラットフォーム・フィーが変更なく、アドバイス・フィーは上昇傾向にあるといわれている。

アドバイス・フィーが上昇傾向にある背景は、従来のキックバック方式では薄く広く収入を得ることでコストをカバーできたが、個別のアドバイスに伴って収入を算定すると高めの設定にならざるをえないこと、それに伴って富裕層へビジネスの軸足を移していることがある。

アドバイスは一般的に3つに分類される。ファイナンシャル・アドバイスを始めるにあたってのヒアリングやプランの策定などの開始当初のアドバイス、その後の継続的なモニタリングなどのサービス、必要に応じて行うアドホックなアドバイス等だ。

FCAのデータによると、アドバイス・サービスの開始当初のフィーも、継続サービス・フィーも、投資額に対する一定比率を採用するファイナン

表3-9 アドバイス・フィーの課金形態別会社数 (単位：社)

フィーの形態	企業数			
	初期アドバイス・チャージ		継続アドバイス・チャージ	
	2018年	2019年	2018年	2019年
時間給方式	1,308	1,243	953	921
投資額に対する一定比率	3,636	3,604	3,843	3,814
固定金額方式	1,733	1,702	981	995
併用型	742	740	640	648

（注） 主要業務がファイナンシャル・アドバイザー業務のみと回答している企業が対象。
（出所） Data from the Retail Mediation Activities Return（RMAR）、2019年6月と2020年7月

シャル・アドバイザー（企業数ベースで）が最も多い。ただ、相対的には、当初のアドバイス・フィーは、継続サービスに比べて、時間給方式、固定額方式を採用しているファイナンシャル・アドバイザーの数が多いことも特徴となっている（**図表3-9**）。

▶手数料の水準

その手数料水準（投資額に対する比率）は、初期アドバイスにおいてはおおむね1～3％の間に、また継続アドバイスにおいては0.5～1％の水準になっている（**図表3-10**）。

最低水準と最高水準の間をとって考えると、初年度のアドバイス・フィーは初期・継続アドバイスをあわせて投資額の2.75％となり、決して低い水準ではない。

また、2016年4月にリリースされたFCAのレポート「FCA Survey of firms proving financial advice」によると、初期アドバイス・フィーは、定率であれば投資金額10万ポンドまでは3％、定額であれば投資額1万ポンドまで700ポンド未満、そのあとは1,000ポンドとなっている（**図表3-11**）。

アドバイス・サービスの分類	中央値		平均	
	最低水準	最高水準	最低水準	最高水準
初期アドバイス	1.0	3.0	1.1	3.1
継続アドバイス	0.5	1.0	0.5	1.0

（注）　主要業務がファイナンシャル・アドバイザー業務のみと回答している企業が対象。
（出所）　Data from the Retail Mediation Activities Return（RMAR）、2020年 7 月

図表 3 - 11　投資金額別アドバイス・フィーの水準　　　　　　　　（単位：%、ポンド）

	1 万ポンド以下	1 万ポンド	3 万ポンド	5 万ポンド	10万ポンド	25万ポンド	50万ポンド	100万ポンド以上
初期アドバイス定率フィー方式	3.0	3.0	3.0	3.0	3.0	2.0	2.0	1.0
初期アドバイス定額フィー方式	648	695	1,000	1,000	1,000	1,000	1,000	1,000
継続アドバイス定率フィー方式	0.60	0.58	0.65	0.60	0.75	0.55	0.50	0.50

（注）　中央値のみを表示。元のレポートでは95パーセンタイル、 5 パーセンタイルの数値も表示されている。
（出所）　FCA survey of firms proving financial advice、2016年 4 月よりフィンウェル研究所作成

▶手数料の徴収方法

　そのアドバイス・フィーの徴収方法は、いまやほとんどがプラットフォームなどのファシリティを担う企業が消費者から代行徴収する形態をとっている。2019年のデータでは、個別アドバイスの場合にはその89.8%が、また継続的なアドバイスにおいては、その97.1%が、プラットフォームなどを経由して徴収されている（**図表 3 - 12**）。

▶アドバイスの件数

　FCAの報告書には、年間で行われた当初アドバイスの件数と継続的なアドバイスを提供している顧客数が集計発表されている。それによると主要業務をファイナンシャル・アドバイスのみとしている企業において、独立系、非独立系をあわせて2018年がアドバイス件数で111万件強、顧客数で262万人

図表 3 - 12　アドバイス・フィーの受取り方法別のフィー金額

（単位：百万ポンド）

業務の種類	2016年		2017年		2018年		2019年	
	直接受取り	プラットフォーム経由等	直接受取り	プラットフォーム経由等	直接受取り	プラットフォーム経由等	直接受取り	プラットフォーム経由等
個別アドバイス	191.3	1,135.3	169.5	1,472.4	166.2	1,575.2	154.1	1,351.7
継続アドバイス	77.2	1,537.8	79.0	2,066.5	92.7	2,605.3	93.3	3,114.1
合計	268.4	2,673.1	248.5	3,538.9	258.9	4,180.5	247.4	4,465.8

(注)　個別アドバイスは、初期、1回限り、アドホックのアドバイスが対象。プラットフォーム経由等は原文ではFacilitate。主要業務がファイナンシャル・アドバイザー業務のみと回答している企業が対象。100万ポンドで筆者が四捨五入。
(出所)　Data from the Retail Mediation Activities Return（RMAR）、2020年7月

図表 3 - 13　年間に行われた当初アドバイスの件数

（単位：件）

		独立系	非独立系	合計
初期アドバイスを行った件数	2018年	616,078	494,143	1,110,221
	2019年	529,285	625,728	1,155,013

(注)　当該年に主要業務がファイナンシャル・アドバイザー業務のみと回答している企業が対象。
(出所)　Data from the Retail Mediation Activities Return（RMAR）、2019年6月ならびに2020年7月

図表 3 - 14　継続アドバイスを提供している顧客数の増減と年末残

（単位：人）

		当該年の新規顧客	当該年に減少した顧客数	年末時点での顧客数
継続アドバイスを提供している顧客数	2018年	445,398	123,984	2,619,084
	2019年	735,996	191,759	3,341,293

(注)　当該年に主要業務がファイナンシャル・アドバイザー業務のみと回答している企業が対象。
(出所)　Data from the Retail Mediation Activities Return（RMAR）、2019年6月、2020年7月

弱、2019年が同115万件強、334万人強となっている（**図表 3 - 13、3 - 14**）。

　2018年と2019年では登録されている企業数に違いがあるため、継続的なデータとしての比率を算出することはできないが、増加傾向にあることはうかがえる。

　またデータの算出ベースは異なるが、アドバイザーの数 2 万7,557人（**図表 3 - 2**）を参考に計算すると、アドバイザー 1 人当りで年間41.9件の初期

アドバイスを行い、継続アドバイスを提供する顧客数は121.3人となる。また、初期アドバイスを行った件数115万件強（**図表 3 − 13**）に対して、当該年に新規に顧客となった数は73.6万人（**図表 3 − 14**）であることから、1人の新規顧客獲得のために1.6件の初期アドバイスを行っていることになる。

2 成立ちと制度的立場の変遷

IFA（Independent Financial Adviser、独立系ファイナンシャル・アドバイザー）をめぐる法的根拠を議論する際には、80年代以降の大きな2つの制度変更を念頭に置く必要がある。1つは1980年代後半においてファイナンシャル・アドバイザーを2つのカテゴリーに分類したこと、もう1つは2000年代に入って進んだアドバイス業務の手数料体系の変化、いわゆるRDRと呼ばれるキックバック手数料廃止の流れだ。

(1) 1980年代の「アドバイザーの二極化」政策

英国におけるIFAは、80年代の定義から始まったと考えられる。それまでの金融アドバイスは、主に①保険会社の代理人（Agents）としてもっぱら会社のために働くアドバイザー、②保険の販売員（Brokers）、③手数料ベースでアドバイスを提供する小規模事業者、の3つに大別されていた。

こうしたなかで金融当局（FSA、Financial Services Authority、金融庁、現在はFCAに改組）は、①アドバイザーのステータスに対して投資家が混乱する状況を少しでも軽減するべきである、②利益相反を少しでも減らす必要がある、③アドバイザーの責務をより明確にする必要があるという観点から、アドバイザーを2つのカテゴリーに明確化し、消費者にわかりやすいサービスに切り替えようとした。

1986年に制定された金融サービス法（Financial Services Act 1986）では金融アドバイスの定義を2つに設定し、1988年より実施した。それがいわゆる二極化政策（Polarisation Regime）と呼ばれるもので、独立的にアドバイス活動を行うIFAと、企業の傘下の社員としてアドバイスを行う非独立系ファイナンシャル・アドバイザー（Tied Financial AdviserまたはRestricted Financial Adviser）に分けられることになった。

具体的には、金融アドバイスを提供する個人・企業は、企業に属するアドバイザー（商品を提供する保険会社や資産運用会社またはそうした会社の販売会社に雇用されているアドバイザー）であるか、独立系のアドバイザー（Intermediary）であるかを明示することを求められる。そのうえで、保険商品、個人年金商品、投資信託などを販売する際には、企業に属するアドバイザーは他社の金融商品を販売するようなアドバイスができないという制限を決め、独立系のアドバイザーはアドバイスを提供する際には常に独立系として活動することを義務づけた。

　こうした制度の導入で、IFAという定義は、「保険会社や資産運用会社といった商品提供の会社に紐づかないアドバイザーで、研修・資格・コンプライアンスなどを提供する組織に所属しているアドバイザー」となった。もちろん独立系ということは商品提供会社に紐づかないということが要件になるだけで、すべての商品を対象にする必要はない。たとえば、アニュイティといった年金商品を中心にするといった特徴をもたせることも可能になる。

　また銀行などは特に富裕層を対象としてIFA企業を傘下に置いていることが多かったが、独立系といいながらも傘下企業が提供する商品を提供しがちになっていたこともあって、そうした際には「競合商品と比較してもそうした商品が優れていることを示す」というルール（better than best）が課されることとなった。

　ただ、こうしたルールの適用は、金融アドバイスのコストを高め、結果として独立系アドバイザーの市場からこうした傘下企業系アドバイザーの大幅退出を強いることになった。またそれに伴って金融商品に関する情報が減っていくことになりかねないといった懸念も出ていた。事実、80年代にはファイナンシャル・アドバイザーは20万人を超えていたといわれているが、現在は2.7万人程度にまで減っている。

(2)　RDRの影響

　もう１つIFAに大きな影響を与えたのが、キックバック手数料の廃止だ。

実際に制度が導入されたのは2013年1月からだが、その議論は2000年くらいから始まっていた。当時の金融当局（FSA）は、マーケットの信任維持、公共の認知度向上、消費者保護、金融犯罪撲滅の4つの業務を担当していた。

2001年6月に、FSAは「販売時点以降における顧客との公正な関係（Treating Customers fairy after the point of sale）」と題するレポートをリリースし、そのレポートの目的として「効率的で、秩序ある、そしてクリーンな金融市場を維持することであり、消費者が公正に扱われることを支援すること」をあげ、「いくつかのハイレベルな原則（Principles）を構築して、すべての金融機関に適用する計画」であることをうたっている。さらにその1つとして「金融機関に顧客利益を尊重させ、顧客を公正に扱うこと（Treat them fairy）」を求めると明記しています。日本において2017年3月に定められた「顧客本位の業務運営」の考え方に酷似している。

このレポートに続いて当局は、2004年12月1日に、それまでのファイナンシャル・アドバイザーの2つのカテゴリーを撤廃する制度変更を行った。

具体的には、①Single-tied：1つの金融商品組成会社（資産運用会社や保険会社）の商品のみを扱うアドバイザー、②Multi-tied：複数の金融商品組成会社の商品を扱うアドバイザー、③Whole-of-market：市場全体から商品を提供するアドバイザー、の3つに分類することとなった。この制度変更を従前のPolarisation（アドバイザーの二極化政策）を緩和する意味からDe-polirisationと呼んでいる。

そのうえで、IFAという言葉にとって重要となる"Independent"の定義は、特に定めないままにしている。ただ、自身を"Independentである"と呼ぶには、フィーベースでアドバイス料を受け取っていること、また上記の③のカテゴリーである市場全体から商品を提供するアドバイザーであること、と一般的にはいわれるようになった。

ところで、この制度変更の際にも、当局はキックバック手数料の廃止を打ち出したが、この時点では反対が多く実現には至らなかった。しかし、2006

年7月にリリースした「消費者向け金融商品の販売に関する改革（Retail Distribution Review）」と題するレポートで、ついに手数料の撤廃を盛り込んだ。

　このレポートは、その頭文字をとって"RDR"と呼ばれている。このなかで、当局は、個人投資家に対する投資サービスで継続的に発生している問題は、不適正販売、高転売率、非継続的なビジネスモデルにあると指摘して、金融商品組成会社（資産運用会社と保険会社）から販売会社やファイナンシャル・アドバイザーへの手数料の戻しを全廃し、すべてアドバイスの対価としてフィーを受け取るように変更した。

　ちなみに、当局が指摘した当時の顧客不在の市場構造とは「競争環境が不十分でアドバイザーに自社商品を推奨させ、市場全体から有効な商品を選ぶという行為を妨げていたのは、手数料の高い商品を販売する傾向につながる"販売手数料バイアス"であった」ことと分析している。新制度は2013年1月からスタートして、いわゆる手数料からアドバイス・フィーへの全面移行が進められた（**図表3−15**）。

図表3−15　RDRによる手数料の流れの変化

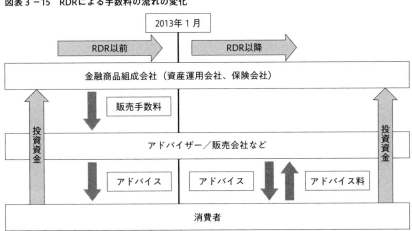

（出所）　各種資料よりフィンウェル研究所作成

(3) 資格要件

▶QCF

　英国では、すべての職業がそれぞれに資格要件の基本をQCF（Qualifications and Credit Framework）に置いている。QCFとは、2008年から導入された一般教育と職業教育、技能資格を結合した総合的資格制度で、ファイナンシャル・アドバイザーの資格要件もこれに準拠しており、RDRではIFAの資格要件をQCFのレベル4へそれまでのレベル3から1ランク引き上げた。

　QCFでは、レベル（難しさ）と学習量（単位数）で27に分類される。レベルは「基礎」から「レベル8」までの9段階あり、それぞれに単位数によってAward（単位数1から12）、Certificate（単位数12から36）、Diploma（単位数37以上）に分けられる（**図表3－16**）。1単位の学習量は10時間で、Awardは初心者、Diplomaはより専門性が高い水準となる。また資格授与機関は、産業別技能委員会が設定した職務基準に基づき、設定されている。

図表3－16　QCFの構成とCISIの資格水準

易難	レベル	Award（1－12）	Certificate（13－36）	Diploma（37以上）
むずかしさの水準	レベル8			
	レベル7			Certified Financial Planner の水準
	レベル6		Pension Transfersと Planning Adviceの水準	
	レベル5			
	レベル4		Paraplannerの水準	Financial Plannerの水準
	レベル3			
	レベル2			
	レベル1			
	基礎			
		少ない ←――――学習量（単位数）――――→ 多い		

（出所）　文部科学省資料とCISIのデータよりフィンウェル研究所作成

**図表 3 −17　Chartered Institute for Securities and Investmentsのファイナンシャル・プランニング
にかかわる資格**

Our Financial Planning qualifications

（出所）　CISIのホームページより

　ファイナンシャル・プランナー／ウエルス・マネージャーでは2020年４月
時点で60のそうした機関がFCAに登録されている。最大手はChartered In-
surance Institute（CII）、Chartered Institute for Securities and Invest-
ments（CISI）そしてLondon Institute of Banking and Finance（LIBF）の
３機関である。CISIのホームページには４つの資格が紹介されている（**図表
3 −17**）。

　CISIの説明文によると、レベル４のDiplomaが、FCAによるファイナン
シャル・アドバイザーとして適格水準に適合するレベルとされている（**図表
3 −16**）。また顧客と面談するファイナンシャル・プランナーではなく、ポー
トフォリオの分析や投資商品の評価、その他の管理業務も行うParaplanner
にはレベル４のCertificateのレベルが求められている。

　またChartered Insurance Institute（CII）で標準となっているレベル４の
Diplomaでは、**図表 3 −18**のとおり、多岐にわたる科目が用意され、140単
位の取得が必要とされている。

▶**FCAへの登録**
　IFAには、FCAに登録をするApproved Personsと、登録されたアドバイ
ザー企業の参加で働くAppointed representativesがある。

図表 3 −18　Chartered Insurance Instituteのレベル4 − Diploma向けPersonal Finance qualification framework

科目	単位	レベル
Group risk	10	3
Trusts	20	4
The tax and legal aspects of business	20	4
Pension income options	20	4
Supervision in a regulated environment	20	4
Paraplanning	30	4
Discretionary investment management	20	4
Wrap and platform services	20	4
Securities advice and dealing	20	4
Financial services, regulation & ethics	20	4
Investment principles and risk	20	4
Personal taxation	10	4
Pensions and retirement planning	10	4
Financial protection	10	3
Financial planning practice	30	4
Advanced mortgage advice	15	4

（注）　Wrap and platform servicesは2020年4月で終了。
（出所）　CIIのホームページより

　Approved Personとは、FCAが認定した個人で、いわゆる規制対象となる業務を行うことが認められており、認定された企業のもとで業務を行う個人のこと。Approved Personであるためには、①Fit and Properテストの要件を満たし、その原則に沿った活動をすること、②行為基準にのっとって行動すること、③業務の継続性に影響するいかなることもFCAと認定業者に報告を行うこと、が義務づけられている。

　Fit and Properテストは認定試験ではなく、アドバイス業務が適切に行われるかどうかを評価する基準となるもの。アドバイザー企業は、当該アドバ

イザーがその役割（シニア・マネージメント業務なども含まれる）に適正・適切であるかどうかを検証し、FCAに報告する義務がある。具体的には、最低水準として、①公正であること（自ら情報を公開すること、誠実であること、評判を重視することを含む）、②適性と能力があること、③財務の健全性、などが求められる。より詳細にはFCAのハンドブックが用意されており、ハイレベル・スタンダード、プルーデンシャル・スタンダード、ビジネス・スタンダードなどの項目が盛り込まれている。

　傘下の従業員がアドバイス業務を行うため（Appointed representativesであるため）には、当該企業がApproved Personとならなければならない。企業としての登録を受けるためには、会社が登録するとともに、企業の経営責任者2名がFit and Properと同様の内容の書面（Section 5 ）を提出し、そのほかに取締役・パートナーの全氏名、ガバナンス形態、関連会社の情報などを提出する必要がある。

▶監督・自主規制

　2012年の金融サービス法（Financial Services Act 2012）で、2013年4月1日以降、現在の金融サービスに関する規制のかたちがつくりあげられている。それまでは財務省、中央銀行、金融監督庁（FSA）に権限と責任が分割されていた。

　新たにこれを、

①　中央銀行に、金融政策委員会（FPC、Financial Policy Committee）を設置し、金融システムの監督に関するマクロ・プルーデンシャルに関する責任をもたせ、金融システムのシステミック・リスクに対応させる。なお、財務省と中央銀行との責任分担を明確にするために、金融危機の際に財務大臣が中央銀行に指示を出せるようにした。

②　その実務管理を行う独立したプルーデンシャル規制当局（PRA、Prudential Regulation Authority）を設置し、特にバランスシートを中心にした金融サービス機関の監督を行わせる、

③ FSAを解体してより問題解決型の業務監督機関である金融行為監督機構（FCA、Financial Conduct Authority）を設置し、消費者保護、競争促進、市場の誠実性の確保を行う、

という３つの組織の体制に組み替えた。

またIFAは前述のFCAに登録されている60の機関から資格を取得する必要があり、この機関もIFAの自主規制機関の１つとみることができる。

さらに消費者と金融機関との間で金融に関して問題のある行為が発生した際、それに対するクレーム先として、金融オンブズマン制度（Financial Ombudsman Service）がある。オンブズマン制度は、消費者と金融機関との間の訴訟を法廷に持ち込む前に迅速かつ安価に解決する場所として提供されている。ただ、そのためには金融機関内のコンプライアンス手続きを経る必要があり、それでも納得がいかない場合を想定している。金融機関は消費者との間の問題に関して８週間の社内での対応・審議の期間を設け、その期間内に当事者との解決がなされない場合には、消費者はオンブズマンに持ち込むことができる。

3 IFAを取り巻く業界環境の変化

　ここからはIFAを取り巻く環境の変化をみていくことにする。1980年代、サッチャー政権のもと、民営化と規制緩和の流れが大きく進んだ。この流れのなかで、通信、ガス、水道、鉄道などの国営企業の民営化、公的年金の縮小などを象徴として、それまで「ゆりかごから墓場まで」といわれた社会保障政策は自助努力を求めるかたちへと大きく変わった。民営化株式の受け皿として非課税制度、PEPs（Personal Equity Plan、個人株式勘定）が創設され、その後この制度は現在のISA（Individual Savings Account、個人貯蓄口座）へと受け継がれていく。

　また、金融に関する規制緩和が実施されたことで、その後シティの金融ビジネスは大きく伸びた。もちろん、規制緩和で海外のプレーヤーが中心となるなど金融市場の「ウィンブルドン現象（ウィンブルドンで行われる全英テニスが外国人プレーヤー中心になっていること）」が進んだとの批判もあった。

(1)　英国の個人金融資産

　英国の個人金融資産は2018年で6.5兆ポンド、1ポンド＝150円で換算すると975兆円と、日本のほぼ半分程度。資産構成は、現金預金が1,636億ポンド、25.0%、債券・株式・投資信託等が938億ポンド、14.4%、保険年金他が3,719億ポンド、57.0%だ。有価証券の比率だけをみると日本の15.1%さえ下回る水準だが、個人金融資産の伸びは日本を大きく上回る。1997年から2018年の約20年間の個人金融資産の伸びは、英国が2兆4,564億ポンドから6兆5,414億ポンドへと2.7倍になっているのに対して、日本は1,285兆円から1,843兆円へと1.4倍になったにすぎない（**図表3－19**）。

　英国の個人金融資産の伸びの高さは、保険や年金の勘定のなかで個人が直接的に有価証券に投資をして、運用ができるスキームが多く、その点が資産

図表3-19　英国個人金融資産の推移

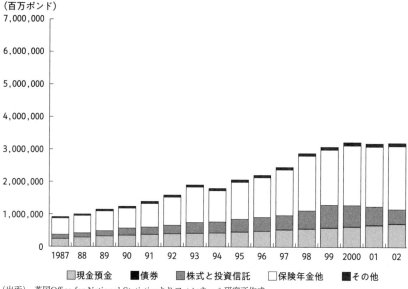

（百万ポンド）

（出所）　英国Office for National Statisticsよりフィンウェル研究所作成

成長に大きく寄与したこととみていいだろう。また、その背景には2000年以降に断続的に行われた金融制度の改革も寄与しているものと推測される。

(2)　金融制度改革とIFA

▶企業年金制度の拡充

　1980年代の改革に伴って、社会保障制度が縮小されたことから公的年金制度が十分に国民の退職後の生活をカバーできなくなってきた。2002年に設立されたPensions Commission（年金委員会）はそうした状況から退職後の生活をカバーするための手段として私的年金、自助努力の充実を訴え、2005年に発表した報告書（最終報告書は2006年）では、私的年金の拡充策が必要との認識を示した。その後、2008年にはThe Pension Act 2008が制定され、2012年からすべての働く人が自動的に加入する企業年金制度が創設されることになった。

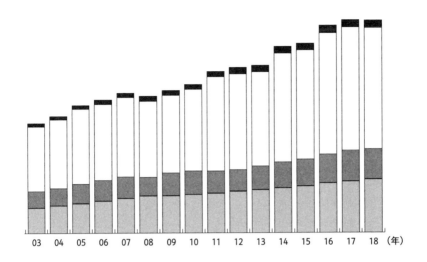

　この制度のもと、2012〜2018年までの間に、大企業から零細企業まですべ
ての企業がなんらかのかたちで企業年金を導入することが義務づけられた。
従業員は一度、自動的にこの年金制度に加入することになり、必要でなけれ
ば脱退権（オプトアウト）を行使して脱退することができる。2018年までに
最低でも拠出額を給与に対して本人が4％、雇用主が3％、政府の税の戻り
1％で合計8％の拠出も義務づけられた。

　中小企業にとってはいわゆる確定給付型の企業年金を導入することは負担
が大きい。そこで、政府は確定拠出年金を提供する機関としてNEST（Na-
tional Employment Savings Trust、国家雇用貯蓄信託）を設立（運用は民間）
し、中小企業が従業員に確定拠出年金（DC）を提供できるよう制度面での
後押しを行った。このNESTは、大企業でも活用され、結果として2011年に
民間企業で企業年金に加入している人が580万人、対象者の42％程度だった
が、2018年には1,388万人、同85％まで急回復する原動力となった。

英国では企業年金は転職するごとに口座をつくることができ、またそれを統合することもできる。年金口座を含めた多様な退職後年収をつくりだす手段が登場してきたことで、IFAにとっては、どういった口座をもつべきか、どういった運用をするべきか、どうやって、どこに口座の統合をすべきかなど、アドバイスの対象範囲が拡大し、その潜在的なニーズを掘り起こすことにつながっている。

▶企業年金の引出規制緩和とPension Wise

　さらに2015年には、DC資産の引出しに関する複雑だったルールが緩和され、①55歳になればいつでも引き出せること、②従来とおり口座残高の25%相当額は引出し時に所得非課税とし、③従来あった細かい引出条件に関しては引き出した額をその年の所得に換算する、という大きな柱に簡素化された。また、それまでアニュイティ（終身の所得補償保険）だけに認められていた課税の繰延べ特権を"引出型の金融商品"に認めることも行われた。これによって、DCの資産を引き出して、アニュイティを含む引出型の金融商品を購入する際には課税をせず、金融商品から資金を引き出した際に課税を繰り延べることができるようになった。ここでもIFAのアドバイスが従来以上に必要とされるようになった。

　この自由化にあわせて退職世代への投資ガイダンスの制度もスタートした。DC資産を引き出す際に、加入者は無償で政府の投資ガイダンスを受けられるPension Wiseと呼ばれる制度だ。立ち上がりの当初は財務省を中心に複数の機関で業務を分担していたが、2019年からは金融教育の専門組織と合体して、The Money and Pensions Serviceと称する専門の組織が労働年金局の外郭団体として立ち上がった。

　従来あったPension wise、The Pensions Advisory Service、the Money Advice Serviceそれぞれの組織の業務は継続して行われ、より広い視点で金融教育を担う組織となっている。ちなみに、2019年の予算では年間20万人以上の退職者に投資ガイダンスを提供する計画となっている。

IFAにとってDC資産をもって退職する高齢者はアドバイスの重要な潜在顧客といえる。しかも、後述するように、英国ではアドバイスとガイダンスはそれぞれ定義され、その結果、ガイダンスでは最終的な資産運用の意思決定にまで消費者に寄り添ってくれることはない。そのためガイダンスは無料で提供されるが、アドバイスは有料になる。毎年20万人以上のDC資産保有者が政府による無償の投資ガイダンスを受けるものの、アドバイスまでは至らないわけで、IFAにとっては新しい潜在顧客層が登場してきたといえるだろう。

▶ISAの拡充

ISAは前述の国営企業の民営化の受け皿となったPEPsと1991年に創設されたTESSA（Tax Exempt Special Savings Account、免税特別貯蓄口座）が1999年に統合されて創設された。それぞれが株式型ISAと預金型ISAの原型だ。ISAの特徴は大きく2点。企業年金口座が退職後資金と明確な目的をもっているのと異なり、引出しの自由度が担保されている点。また課税体系上は、年金口座が拠出時非課税（Tax Exempt）、運用時非課税（Tax Exempt）、引出し時課税（Taxed）で、EETと称されるのに対して、ISAはその逆のTEEとなっている。

こうした大きな特徴をもつため、2つの組合せで生涯の多様な資金ニーズに対応できる。IFAにとってはこうした非課税制度をどう活用するかはアドバイスの導入分野の1つとなる。

ISAはその拠出上限額を創設当初から2007年まで7,000ポンドと設定していたが、恒久化をきっかけに2008年に7,200ポンド、2009年からは1万200ポンド（当初は50歳以上のみ）へと引き上げられた。さらに2017年からはLife Time ISAの導入をきっかけに年間2万ポンドまで引き上げられている。また拠出上限額の引上げとあわせて、ISAは数多くの改良が加えられてきた。未成年者用のJunior ISAの導入（2011年）、配偶者死亡時の本人の非課税枠を一時的に拡大させる相続ISAの導入（2015年）、株式型ISAと預金型ISAの

資金移動の自由化（2014年）、引出しを初回の住宅購入か退職後の生活費に限定したLife Time ISAの導入（2017年）など。こうした制度の多様化はニーズの多様化にあわせたものではあるが、ファイナンシャル・アドバイスの必要性を高める点でIFAのビジネスの素地をつくりあげている。

　なお、昨今の改正のポイントは、加入者の高齢化に対応したものが多いように見受けられる。ISAがスタートして20年が経過し、それ以前の非課税制度から継続して活用している消費者はかなり高齢となっている。そのため、相続ISAの導入や資産構成の保守化を可能にする株式型ISAと預金型ISAの資金移動の自由化など高齢者のニーズに沿った対応が進められている。

(3)　IFAを支えるファンド・プラットフォーム・ビジネス

　前述のとおり、英国のIFAビジネスは5人以下のアドバイザーで経営している小規模の事業者が9割を占める。こうした事業者は、注文の執行やコンプライアンスなどのバックオフィス業務、アドバイス業務のためのレポート作成等のミドルオフィス業務などをすべて自前で行うことは不可能だ。そのためこうした業務を担う専門の業者を活用している。いわゆるファンド・プラットフォーム・ビジネスだ。

　ちなみにFCAのハンドブックによると、ファンド・プラットフォーム・ビジネスとは、投資に関する商品またはその売買の方向性を示すような行為、第三者の資産の保全、管理業務を含み、消費者に複数の商品提供者の投資商品を提供する業務と定義されている。いわゆるファンド・スーパーマーケットのことで、オンラインによるサービス提供を前提に、投資に関する調査、売買、口座管理・モニターを行うサービス提供者を指す。

　FCAの報告書「Investment Platforms Market Study, Interim report, 2018年7月」によると、ファンド・プラットフォームは、IFAが利用できることを前提とした業態（アドバイザー型プラットフォーム）と、消費者がIFAなどを介さず直接取引する業態（D2C型プラットフォーム）に分類される。

▶ファンド・プラットフォームがIFAに提供するサービス

　また、同レポートではアドバイザー型プラットフォームが提供している主なサービスを、アドバイザーが利用する度合いや、プラットフォーム業者が提供している度合いごとに分類して、分析している。これをみると、ファンド・プラットフォームとアドバイザーの関係がわかりやすいだろう（**図表3－20**）。

　主要なサービスやツールでは、アドバイザーの継続アドバイス・サービス・フィー（手数料の項目を参照）などをアドバイザーにかわって徴収する課金システムが多くのプラットフォームで提供され、アドバイザーもそれを利用している。取引報告書や顧客情報などを、アドバイザーのブランド名で提供できるサービスも使われている。また、最近ではアドバイザーから、キャピタル・ゲイン税の計算ツールやリタイアメント・プランニングのツールの提供が求められるようになったともいわれている。

　またモデル・ポートフォリオの提供も拡大している。同レポートでは、消費者ならびにアドバイザー自身もより投資意思決定を容易にできるものとして、リスクターゲット型モデル・ポートフォリオが最近、その預り資産を急拡大させていると指摘している。具体的には、アドバイザー型プラットフォーム上では、2011年の預り資産は5億ポンドだったが、2017年には229億ポンドにまで急増し、D2C型プラットフォーム上でも、同期間に45億ポンドから141億ポンドに拡大している。FCAの消費者調査ではD2C型プラットフォーム利用者の17％が、こうしたポートフォリオを利用しているとのこと。特に、それほど売買が頻繁でなく、資産規模も大きくない若年層が利用している。

　ただ、消費者側からの視点では、プラットフォームに求める最も重要なことは、保有資産の時価と評価額が簡単にわかる、それらが1か所で管理できる、そして管理が容易であることといわれており、提供されているツールやサービスがアドバイザーの差別化要因に十分にはなっていないとの指摘もある。

図表 3 −20　アドバイザー・プラットフォームが提供するツールとサービス

ツール／サービス	詳細	アドバイザー利用度	プラットフォーム提供度
課金制度	顧客の口座からアドバイス・フィーを徴収	◎	◎
報告書・管理情報	顧客の取引等の情報提供と顧客情報をアドバイザーに提供	◎	◎
短期資金のつなぎ融資	ファンド売買における資金決済、年金拠出に関する税控除	◎	◎
課税計算	売買に伴うキャピタル・ゲイン税負担への影響を計算	◎	◎
継続的専門家教育	アドバイザーに対するプラットフォームの利用方法、法令・法律の改正、企業経営、試験準備などのトレーニング	○	○
モデル・ポートフォリオ	複数の顧客に対する投資提案の集中管理	○	○
リバランスやスイッチングをバルクで	複数の顧客に対する投資提案に伴う売買バルク管理	○	○
ホワイトレーベル	アドバイザーのブランドのもとでプラットフォームのサービスを提供	○	○
アセット・アロケーション	顧客のリスク許容度に応じた資産配分を提供	△	△
リスク・プロファイラー	ファンドのもつリスクを分析	△	○
リスク許容度診断	顧客のリスク許容度を診断	△	○
退職準備計画	収益率と引出しのリタイアメントプランへの影響分析	△	○
キャッシュフローモデル	収益率と引出しの将来のキャッシュ・フローへの影響分析	△	△
調査と推奨リスト	ファンドの調査と推奨ファンドのリスト提供	△	○、△

(注)　◎は調査回答企業の3分の2以上、○は同3分の1から3分の2、△は3分の1以下で利用・提供。調査と推奨リストは第三者の調査利用は○だが、自社の調査と推奨リストは△の意味。
(出所)　FCA，Investment Platforms Market Study，Interim Report，2018年7月よりフィンウェル研究所作成

▶投資信託販売の最大チャネルになったIFA経由ファンド・プラットフォーム

　この業態は2000年くらいに始まったといわれる。英国でのファンド・プラットフォーム・ビジネスは当初豪州の保険会社の英国法人であった

Transactと世界的な資産運用会社であるフィデリティ・インターナショナルが展開し始めた。ともにオンラインで保険や投資信託を売買できる、口座管理を中核とするサービスでスタートした。特に1999年にはISAが創設されており、非課税口座の取扱いにも活用できた。

　IFAのアドバイス業務の拡大や自助努力を進める政策なども後押しして、この業態は急速に投資信託での主力の販売チャネルになってきた。英国における投信の販売チャネルは、大別するとそもそも主力だったのが、①資産運用会社が直接投資家に投資信託を販売する直販と②仲介する販売会社を経由するものだったが、プラットフォームが登場して、③投資家が直接プラットフォームを使う経路と④IFAを経由してプラットフォームを使う経路が登場してきた。英国投信協会（The Investment Association）が発表している統計によると、2010年の1,235.9億ポンドに達する投資信託の総販売額のうち32.6%がファンド・プラットフォームを経由する販売だったが、2019年には

図表3-21　英国販売チャネル別Gross Sales　　　　　　　　　　　（単位：百万ポンド、%）

	合計	直販	シェア	一任勘定の販売	シェア	英国ファンド・プラットフォーム	シェア	その他英国販売会社（IFA経由を含む）	シェア	その他	シェア
2010年	123,592	25,812	20.9	—	0.0	40,338	32.6	44,632	36.1	12,810	10.4
2011年	128,094	24,425	19.1	—	0.0	43,786	34.2	47,881	37.4	12,002	9.4
2012年	124,756	22,090	17.7	15,452	12.4	48,028	38.5	27,729	22.2	11,457	9.2
2013年	155,804	21,545	13.8	22,461	14.4	67,492	43.3	30,084	19.3	14,222	9.1
2014年	171,128	19,489	11.4	19,500	11.4	85,811	50.1	31,628	18.5	14,700	8.6
2015年	180,397	20,699	11.5	19,357	10.7	81,671	45.3	43,558	24.1	15,112	8.4
2016年	188,053	17,991	9.6	23,417	12.5	87,286	46.4	44,266	23.5	15,093	8.0
2017年	246,761	18,017	7.3	30,777	12.5	107,744	43.7	66,522	27.0	23,701	9.6
2018年	242,339	20,090	8.3	28,029	11.6	107,989	44.6	60,328	24.9	25,903	10.7
2019年	256,411	18,482	7.2	24,442	9.5	126,579	49.4	66,249	25.8	20,659	8.1

（注）　Directは販売員、非独立系のIFA経由の販売を含む。保険会社経由の販売はInstitutionalとして計上されるためRetail部門には含まず。その他は非英国の販売会社やExecution onlyを含む。
（出所）　The Investment Associationのホームページよりフィンウェル研究所作成

2,564.1億ポンドの総販売額のうち49.4％を占めるまでに拡大している（**図表3−21**）。

　すなわち、前述の販売チャネルの③と④で半数を占めるところまで拡大している。業界では③と④の比率は4対6くらいといわれ、全体ではIFAのアドバイスのもとプラットフォームを経由する販売が総販売額の3割程度を占め、最も大きな販売チャネルになっていることがわかる。ちなみに、同協会の統計によると、総販売額は2010〜2019年の10年間で3.1倍に達し、また大手5社の預り資産総額も2.8倍に拡大している（**図表3−22**）。

　また、販売チャネルのシェアが50％に初めて達したのは2014年で、販売手数料制の廃止（RDR）による影響も垣間みえる。

　IFAが利用できることを前提とした業態（アドバイザー型プラットフォーム）の大手はAegon、Fidelity、Quilter、Transactの4社で、各社とも市場シェアは20％未満となっているもよう。また、消費者がIFAなどを介さず直

図表3−22　英国ファンド・プラットフォーム大手の預り資産残高

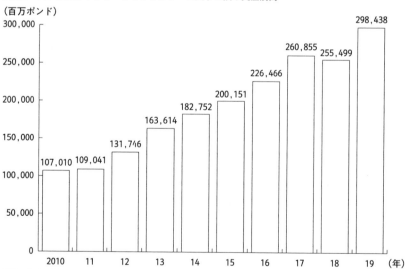

（注）　大手5社とはAegon、Fidelity、Hargreaves Lansdown、Quilter、Transact。2014年時点でこの5社でGross salesの72％を占めている。
（出所）　The Investment Associationのホームページよりフィンウェル研究所作成

接取引する業態（D2C型プラットフォーム）のトップ企業はHargreaves Lansdownで、市場シェアは40％程度に達するといわれている。また、データは少し古いが、英国投信協会のデータではこの大手5社の2014年の総販売額に占めるシェアは72％と報告されている。

▶ファンド・プラットフォームの手数料

　ファンド・プラットフォームを利用する際の手数料は、口座開設費用、年間の口座管理費、売買手数料、口座閉鎖時の費用の4つに分けられる。それぞれに手数料水準は非常にばらつきがあるため、一律には議論できないが、口座開設費用は定額が一般的で、口座管理費は平均的には残高の25bpといわれている。また売買手数料は投資信託だけであれば無料の業者も多い。FCAが問題視しているなかでは口座閉鎖時の手数料が高く、これが消費者のプラットフォーム選択の自由を奪っているとの指摘も出ている（詳細は後述を参照）。

▶ファンド・プラットフォーム・ビジネスの課題と今後のFCAの方向性

　D2C型プラットフォームとアドバイザー型プラットフォームの2つの販売チャネルで投資信託の半分程度を占めていることから考えると、その市場の公正性は非常に重要である。そのため、FCAは2018年からこの市場に関する調査を行い、2018年7月にはInvestment Platforms Market Study, Interim Reportをリリースし、2019年3月には同Final Reportをリリースした。

　FCAはこの一連のレポートのなかで、ファンド・プラットフォーム業界はD2C型、アドバイザー型ともに顧客の満足度は高いと評価する一方で、いくつかの課題も明示している。具体的には、①プラットフォーム間の乗換えが非常にむずかしいこと、②価格を比較してプラットフォームを選ぶことがむずかしいこと、③D2C型においてモデル・ポートフォリオのリスクとリターンの比較評価の透明性が不十分であること、④D2C型において顧客が必

要以上にキャッシュを保有したままになっていること、⑤以前は受けられていたアドバイスがいまは受けられなくなった、いわゆる「見捨てられた顧客（Orphan Clients）」が高いコスト・低いサービスレベルの状況に置かれていること、などをあげている。

　このなかからIFAに関連する部分だけを取り上げてみると（D2C型プラットフォーム特有の課題に関してはIFAに関連しないため）、プラットフォーム間の乗換えの自由度の確保が大きな課題といえそうだ。FCAのレポートで言及されている実際の乗換えで障害となっているトップ3は、解約に時間がかかり、その手続が複雑、そして解約手数料がかかること、をあげている。

　さらに同レポートでは、こうした解約に関する直接的なコストのほかに、非金銭的なアドバイザーとプラットフォーム業者とのつながりも指摘している。

　図表3−20で列挙したプラットフォームの提供するツール／サービスのなかでFCAは、継続的な専門家教育、モデル・ポートフォリオ、リバランス・スイッチングのバルク処理、アドバイザーのブランドでのサービス提供の4点を、「顧客にとって利便性があるのかどうか定かではなく、アドバイザーへの非金銭的サービスであることから、これらがプラットフォームの乗換えの障害にもなっている」との懸念を指摘している。

　2019年3月にはInvestment Platforms Market Studyの最終報告書が出され、プラットフォーム間の競争を促進することで消費者の利便性を高めるという方向性が明確になっている。そのためにプラットフォームを比較検討できるようにする、プラットフォームを乗換えしやすくする、アドバイザー型プラットフォーム間の競争を促進する、といったことに言及している。また、2020年、2021年にかけてこの点に関する業界の改善度合いの調査を継続するとしている。

⑷　アドバイス・ギャップの発生とFAMR

　RDRは、手数料バイアスの根源を絶つことでアドバイザーがより顧客本

位の業務ができる環境を整える大きな力になった一方で、課題も指摘された。アドバイスを受けたいのに受けられない消費者が多くなるという、いわゆるアドバイス・ギャップだ。

RDRによって、アドバイザーの主力収入源がアドバイス・フィーとなったことから、大口顧客、富裕層へのシフトは避けられない経営戦略となった。基本的なアドバイスに係るコストは投資額の多寡にかかわらずそれほど大きく違わないが、収入は投資額や預り資産額に連動する水準に設定されている。そのため、アドバイザーにとって小口顧客は相対的に割のあわない顧客となる。逆に富裕層はより多くの収益をもたらす重要顧客となる。一方、アドバイスを受ける側にとっても小口の顧客、特に若年層は、初期時点のアドバイスが時間給や定額といった形態に設定されていることは、そのサービスを受けるためのハードルが高い。小口の投資金額に対して、アドバイス・フィーが高く映り、アドバイスを簡単には活用できない。こうしてアドバイスが富裕層にシフトする要因がアドバイスの供給側と需要側にそれぞれつくりだされることになった。

業界では、RDRの施行以前からその懸念は指摘されていたが、FCAは施行後に「ファイナンシャル・アドバイザー業界が消費者のためにうまく機能していないのではないか」とか「アドバイス・ギャップが発生している」として2015年8月から資産運用アドバイスに関する市場調査を行った。FAMR（Financial Advice Market Review）と呼ばれる一連の作業は財務省とFCAが共同で2015年8月にスタートさせ、業界に対する調査を行い（2015年11月）、2016年3月14日には最終報告書（FAMR：Financial Advice Market Review）が提出され、その後も2017年にProgress report、2018年には消費者調査の中間報告がリリースされ、2019年にはRDRとFAMRによる効果の再評価が行われている。

FAMRの一連の作業のなかでは2016年3月にリリースされたFinal Reportが重要だ。その要点は、

● RDRによって、アドバイス自体の質の向上と透明性は確保できたが、ア

ドバイスのコストの高さと小口投資資金ではアドバイスの効率が悪いといったことが嫌われたことから、アドバイス・ギャップが発生、ファイナンシャル・アドバイザーの人数も減少した

● ガイダンス（無料）とアドバイス（有料）の差異を明確にする必要がある。アドバイスの定義をより明確にして、それによって高いレベルのガイダンスが消費者に提供されるようになる
● 新たなテクノロジーによってアドバイスがより効率的に提供されるようにする。そのためのフレームワークを築く必要がある
● アドバイザーへの信頼の回復には時間がかかる
● 企業は従業員がガイダンスに接することができるように配慮する。企業が提供できる従業員の金融健康度（Financial Wellness）を高める施策を支援する制度を構築する

等が明示された。あわせてこれを促進するために「消費者が受け入れやすいサービス価格を目指す」「消費者がこれらサービスにアクセスしやすい環境をつくる」「業界の責務と消費者救済の手段を構築する」の3分野にわたって、合計28項目の提案がなされ、それぞれの提案の主管部署がまとめられた。

▶ロボ・アドバイザーの登場と課題

　FAMRの25の提案の3分野のなかで、「受け入れやすいサービス価格を目指す」ための具体的な施策の1つがテクノロジーの利用だ。2016年6月からFCA内にAdvice Unitが設置され、企業がより低コストのアドバイス、ガイダンスを提供するための技術開発に関して、当該企業に規制上のフィードバックを提供する業務を開始した。

　一定の条件を満たした企業やその開発モデルに対して、Advice Unitは、①個別ミーティングを行って事業の評価を行う、②同意できた中間目標の継続的な達成に向けて専属のスタッフを用意する、③開発されるモデルに関して必要なフィードバックを行う、④当該企業がまだ認可されていなければ認

可に向けて手助けを行う、といった認可に関するサポートを担っている。ま
たそうした一連の作業のなかで確認できたノウハウをホームページ上で
signposts to existing rules and guidanceと名付けて公開している。

　こうした施策は単にロボ・アドバイザーの開発という面だけでなく、通常
アドバイスのコスト削減に貢献することによってアドバイス・フィーの引下
げが進むことも視野に入れている。

　ロボ・アドバイザーはその低価格なサービスゆえに、RDR以降に発生し
たアドバイス・ギャップを解消できる大きな担い手と考えられてきた。しか
し、2019年11月28日にFCAがリリースした調査レポートでは、必ずしも消
費者が十分にロボ・アドバイスを受け入れていない実態が明らかになった。

　1,800人にロボ・アドバイザーからのアドバイスを受けたと仮定してその
反応を調べた同調査によると、消費者は容易にロボ・アドバイスを受け入れ
ない姿が浮かび上がった。全体で回答者の57％がその提案を拒否しており、
アドバイスの内容が自身の目標やリスク許容度に合致していようと（拒否率
56％）、合致していなかろうと（同58％）、その拒否比率はほとんど変わらな
かった。ただ、拒否率を年齢別にみると18歳から34歳では47％、35歳から54
歳で53％、55歳以上で63％と、年齢が上がるほど受け入れない比率が高まっ
ていることもわかった。

　55歳以上はオンラインでのサービスに距離感があるとはいえ、退職をめ
ぐって年金資産といった大きな資金の活用が重要になる時期にアドバイスを
拒否することの懸念は大きい。逆に若年層ほど拒否率が低いとはいえ、それ
でも47％が受け入れないとしている点は過小評価するわけにはいかないだろ
う。また大企業の提供するロボアドでは、70％が受け入れる（拒否率30％）
とする一方で、信頼の低い企業の提供するロボアドではわずか35％が受け入
れる（拒否率65％）だけだった点も注目される。

　さらにロボ・アドバイスへの受入れ度合いを9ランクで評価させた結果で
は、分布に大きなばらつきがあり、最も受入れ度合いの低い（拒否率が高
い）層は全体の30％にも及び、この層に対してロボ・アドバイスをどう浸透

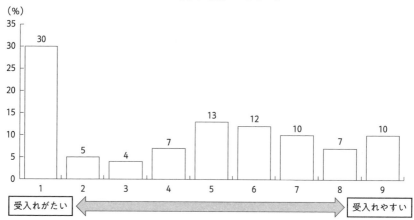

図表3−23　消費者のロボ・アドバイスの受入れ度合いのばらつき

（％）

- 1: 30
- 2: 5
- 3: 4
- 4: 7
- 5: 13
- 6: 12
- 7: 10
- 8: 7
- 9: 10

受入れがたい ⟷ 受入れやすい

（出所）　FCA、Robo Advice—will consumers get with the programme?、2019年11月28日よりフィンウェル
研究所作成

させていくかに大きな課題があることが浮かび上がった（**図表3−23**）。

　またロボ・アドバイスを拒否した人たちに、その代替案は何かを次の3つ
の選択肢、①ファイナンシャル・アドバイザー、②友人・家族、③自分で考
える、から選んでもらったところ、それぞれに72％、21％、7％の結果と
なった。FCAによると、それぞれの特徴は、①は女性の比率が相対的に高
く、②は若年層で金融リテラシーが低く、社会・経済状態が悪い人たちが多
い、③は男性で中年、銀行への信頼度が高く金融リテラシーも相対的に高い
といった特徴がみられたとのこと。

　退職時期にある高齢層でロボ・アドバイザーに対する拒否率が高いこと
や、ロボ・アドバイスを拒否して家族や友人に依存するといった若年層が多
いことは、最もアドバイス・ギャップで不利益を被っている層に対して、ロ
ボ・アドバイスが十分に貢献していないという課題を浮き彫りにしている。

(5)　アドバイスとガイダンス

　資産運用に関する「アドバイスとは何か」という定義はなかなか定まらな

かった。もともと金融サービス・市場法2000（Financial Services and Markets 2000）の第53条のなかで、アドバイスの定義に関して言及されていた。それによると、「規制対象企業（登録されている企業）のみが投資に対する売買の当該個人のメリットに関連するアドバイス（規制の対象となるアドバイス）を提供できる」とのこと。しかし、この定義はかなりあいまいで、広い範囲をカバーしかねない状況にあった。

RDRやFAMRで議論しているアドバイスはあくまで有料で提供されるもので、そこに至るまでの情報提供はガイダンスと呼んでいる。そのガイダンスを示す定義は「アドバイスではないもの」という、消去法的な表記で行われてきた。その後、2017年に財務省は、アドバイスの定義を第2次欧州金融商品市場指令（MiFID II、Markets in Financial Instruments Directive 2）の定義であるパーソナル・リコメンデーションに準拠させることとして、金融サービス・市場法2000（Financial Services and Markets 2000）の第53条の修正を発表した（施行は2018年1月3日）。

MiFID IIの定義にあわせると、従来アドバイスとして有料提供が前提となっていた一部のアドバイスが、新たにガイダンスとして登録された事業者にのみ認められることになり、その点を業界は前向きにとらえている（**図表 3 −24**）。

これと前後するが、2016年3月にリリースされたFAMRの最終報告書では、その第17提案で、財務省とFCAに対して、「Financial Advice Work-

図表 3 − 24　2017年におけるアドバイスの定義の変更

	アドバイス		ガイダンス
登録された 規制対象企業	パーソナル・ リコメンデーション	新たにガイダンス として認められる	提供可能
登録されていない 規制対象企業	アドバイス （登録されていない規制対象企業には 提供が認められない）		提供可能

（出所）　The Financial Services and Markets Act 2000（Regulated Activities）（Amendment）（No.2）Order 2017よりフィンウェル研究所作成

ing Group（FAWG）を設置し、ガイダンスとアドバイスの定義に関して、消費者にどう説明するかを前提にして提案をまとめる」ことを指示している。ここでの提案は、単なる定義というよりは消費者にアドバイスとは何か、ガイダンスとは何かをよりわかりやすく説明するための表現を求めていることが特徴といえる。

　FAMRの第17提案に関して、FAWGは2017年3月に財務省とFCAに対して報告書を提出した。この報告書によると、

●アドバイス……消費者個人が提供した情報に基づいて、その状況や目的にあわせて、とるべき商品を提示すること、または一連の選択肢を明示すること。規制当局に登録された事業者または個人のみが行える。提供者は正確性、質、適合性に責任をもつ。有料で、そのサービスを提供される前にその費用の水準を明示しなければならない。

●ガイダンス……情報提供、消費者がとりうる選択肢を明示すること、選択肢のなかからある程度絞り込むこと。推奨は行わず、消費者がそれを決定すること。公正なサービスでなければならない。ガイダンスの提供者はその情報の正確性と質に責任を有すること。規制当局に登録しているか否かは問わず、広く提供することが可能。提供者が明示しない限り無料。

と示している。特にガイダンスに関しては、明確に定義されていないことが、これまで消費者の混乱を招いてきたとして、それまでの消去法的な表現ではなく、より積極的にガイダンスとは何かを明示することで、消費者がよりわかりやすくなると指摘している。

Independent Financial Adviser

第 **4** 章

日本のIFA

1 わが国金融業界におけるIFAの位置づけ

本節では、日本におけるIFAの定義や法令上の位置づけ、業務、属性、営業要件、金融商品取引業者等との関係等について、金融商品取引法をはじめとする各種金融関連法令や業界団体の諸規則等を参照しつつ、整理を行う。

(1) 日本版IFAの一般的定義

IFAは、日本語では「独立系金融アドバイザー」等と訳されるが、これは法令等で定められた表現ではなく、明確な根拠に基づく定義があるわけではない。ただし、一般的には、金融商品の運用や販売等を行う金融商品取引業者等と従属関係になく、独立した立場で個人投資家向けに業を営む金融商品仲介業者を指すとされている。

次節「わが国IFA業界の概観」で紹介するように、個人投資家向けに投資や資産運用アドバイスを提供する担い手としては、金融商品仲介業者以外にも、投資助言業者やファイナンシャル・プランナー等、多様な形態が存在するが、これら他の担い手がIFAと呼ばれることは一般的ではない。

また、「独立」が何を意味するのかについてもさまざまな見方があり、たとえば、証券会社や資産運用会社といった金融商品取引業者や銀行等の大手金融機関の資本が入った金融商品仲介業者はIFAに含まれないという整理も存在する。

ただ、金融商品取引法においては、金融商品仲介業者が複数の金融商品取引業者等から委託を受けることは可能であり、仮に特定の金融商品取引業者等と資本関係があったとしても、他の金融商品取引業者等のために役務を提供することも認められている。

法人格が別であることはもちろん、資本関係の有無にかかわらず、金融商品仲介業者と金融商品取引業者等は、独立して営業を行うことが構造的に担

保されており、さらに、足もと「顧客本位の業務運営」に対する機運の高まりを受け、金融商品仲介業者には、より積極的に、独立性・中立性を伴う営業行為が求められる流れにある。

したがって、本章では、IFAとは、その資本構造にかかわらず、個人投資家向けに金融商品仲介行為を行う金融商品仲介業者全般を指すものとして、その位置づけ等の整理を行うこととする。

(2) 金融商品取引法等におけるIFA（金融商品仲介業者）

金融商品取引法では、金融商品仲介業とは、証券会社や資産運用会社といった金融商品取引業者等の委託を受けて、有価証券の売買の媒介等の仲介行為を当該金融商品取引業者等のために行う業務をいうと定められている。

すなわち、金融商品仲介業者と金融商品取引業者等との関係は、仲介行為を委託するという民法でいうところの準委任の関係にあり、金融商品取引業者等に従属する関係ではない。

金融商品取引業者等とのこのような独立した関係は、同様に有価証券の販売等に携わるとはいえ、従来の証券会社の社員等とは異なるIFAの特徴の1つであるといえる（**図表4－1**）。

図表4－1　IFA（金融商品仲介業者）のビジネスモデル

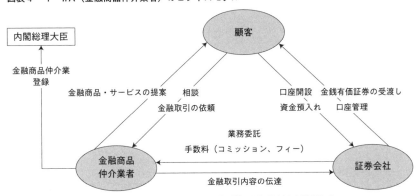

（出所）　金融庁・金融審議会「市場ワーキング・グループ」（第22回）資料より筆者作成

一方、「当該金融商品取引業者等のために行う」とされているとおり、その営業活動の一環として、個人投資家に対して投資や資産運用等に係るアドバイスを提供するものの、金融商品仲介行為の根拠となる業務委託契約は当該個人投資家との間ではなく、金融商品取引業者等との間で締結され、役務の対価としての報酬も金融商品取引業者等から収受するというスキームであることにも注意が必要である。

金融商品取引業者等から独立した立場で顧客に寄り添ったサービス提供を行える点が、証券会社の社員と比べた際のIFAの優位性であるといわれることが多いが、その契約関係だけをみると、いずれの場合も顧客[1]との間に利益相反を生じうるリスクが存在することには変わりがない。

米国でのRIA（Registered Investment Adviser）と同じ機能を有する投資一任業者や投資助言業者こそが、本当の意味で顧客に寄り添ったアドバイザーとしてふさわしいとする考え方は、このあたりに問題意識をもつものである。

(3) IFA（金融商品仲介業者）の属性・営業要件

IFAがその営業行為、すなわち金融商品仲介行為を行うためには、金融商品仲介業者として、内閣総理大臣の登録を受けなければならないと定められている。IFAは、顧客が実行する金融商品取引の契約主体にはならず、単に仲介行為を行うにすぎないものの、金融商品の勧誘を行うため、法令遵守や顧客保護の観点から、金融商品取引業者と同様に、登録制のもとで当局の監督に服する必要があるという趣旨とされる。

この金融商品仲介業者としての登録においては、証券会社（第一種金融商品取引業者）や登録金融機関の役員等の一定の主体は除外されているもの

1　本項で整理したとおり、IFAと相対する個人投資家との間には契約関係は存在せず、IFAにとっての「顧客」は正確には委託を受ける金融商品取引業者等となる。ただ、金融商品取引法でも、「顧客」の定義はされていないものの、金融商品仲介業者が相対する投資家を「顧客」と表現している（66条の7等）ことから、以下ではそれに従って「顧客」という表現を用いる。

の、法人のみならず、個人であっても、登録を受けることができる[2]。

　次節「わが国IFA業界の概観」で概観するとおり、2020年5月末現在登録している883業者のうち約32%（283業者）が個人事業者である。

　ただし、属性が登録申請要件を満たしているとしても、それだけでは十分ではなく、金融商品仲介業務を的確に遂行することができる知識および経験を有すると認められる必要がある[3]。具体的には、IFA個人事業者もしくは法人事業者の役員・内部管理責任者等は、日本証券業協会が実施する外務員資格試験に合格している等、一定以上の知識を有していること等が求められる。

　なお、IFAを名乗ること自体に特段の規制はないものの[4]、金融商品仲介業者としての登録を受けないままに金融商品仲介行為を行うことは、無登録行為として刑事罰の対象となる。

(4)　個々のアドバイザー（外務員）の登録要件

　IFAが金融商品仲介業者としての登録を求められることに加えて、実際にIFAに属して活動を行うアドバイザーが有価証券の売買の媒介等の仲介行為を行うためには、そのアドバイザーが個人として、外務員の登録をすることが必要となる。

　これは証券会社等の金融商品取引業者に所属する外務員と同様に、IFAに所属するアドバイザーも顧客と直接に接する役割を担うため、その権限と責任の帰属を明確にするとともに、登録要件を定めることにより、一定水準以上の専門性等を担保し、顧客保護を図ろうとするものである。

2　金融商品取引法（66条）では、内閣総理大臣の登録を受けて、金融商品仲介業を行うことができる者について、「第一種金融商品取引業を行う者及び登録金融機関の役員及び使用人を除く」と定められている。

3　金融商品取引法（66条の4）では、ほかに行っている事業が公益に反すると認められる場合には、当局は登録を拒否しなければならない等、この申請者の知識・経験に関する要件も含む6項目が登録拒否事由として定められている。

4　ただし、金融商品仲介業者でない者が、金融商品仲介業者という商号・名称または紛らわしい商号・名称を用いることは禁じられている。

実際の登録手続については、IFA所属のアドバイザーであっても、認可金融商品取引業協会である日本証券業協会を通じて行うこととされており、同協会では、外務員資格試験に合格することを外務員登録の要件としている。

（5）　金融商品取引業者等との「所属」関係

先述のとおり、証券会社の社員等とは異なり、金融商品取引業者等とIFAの関係は従属関係ではなく、委託者と受託者という独立した主体間の業務委託契約に基づく対等な関係であるが、金融商品取引法上の顧客保護の観点から、その関係の構築・運用には、さまざまな調整が加えられている。

まず、IFAは金融商品仲介業者として、乗合いの保険代理店のように、複数の金融商品取引業者等から委託を受けることが認められているが、金融商品仲介行為を行うに際して、あらかじめその金融商品取引業者等を特定し、その商号・名称を当局に登録しておくことが求められている。新しい金融商品取引業者等から委託を受ける場合には、既存取引関係にある金融商品取引業者等から許可を得ることに加え、その度に登録内容の変更として当局に申請する必要がある。

また、日本のIFAに特徴的な仕組みとして、委託金融商品取引業者等への「所属制」がある（**図表４−２**）。

これは、金融商品仲介業者であるIFAが事故により顧客に損失を与えた場合には、委託をする金融商品取引業者等がその損失を補てんする責任を負う一方、金融商品取引業者等はIFAに対して、適切な業務運営が行われるように指導をすることで、金融商品仲介行為に対する信頼性を確保し、顧客保護を制度的に担保しようとする仕組みである[5]。

この「所属制」のおかげで、IFAが所属金融商品取引業者等の指導・支援を活用しつつ、効率的に営業活動を行うことができるというメリットがある

5　金融商品仲介業者が当局に登録を受ける際、所属金融商品取引業者等の商号・名称に加え、どの金融商品取引業者等が事故による顧客の損失を補てんするのかを申請書に記載するとともに、当該事故による損失の補てんに係る契約書の写しの添付も求められる。

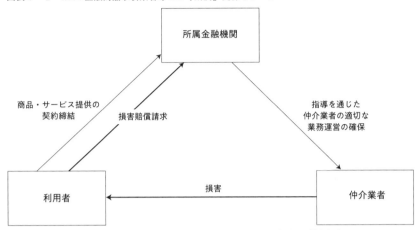

図表 4 - 2　IFAの金融商品取引業者等との「所属」関係イメージ

所属金融機関

商品・サービス提供の
契約締結　　　損害賠償請求

指導を通じた
仲介業者の適切な
業務運営の確保

利用者　　　　　　損害　　　　　　仲介業者

(出所)　金融庁・金融審議会「金融制度スタディ・グループ」(第10回) 資料より筆者作成

一方、複数の金融商品取引業者等から委託を受ける場合、IFAがそれら指導
等に対応する作業負担が重くなるというデメリットも指摘されている[6]。

(6)　IFA（金融商品仲介業者）に課せられる行為規制

　顧客に相対して有価証券の売買の媒介等の仲介行為を行うものの、IFAが
委託を受けるのは金融商品取引業者等からであり、正確には当該顧客はIFA
にとっての「顧客」ではないというのが法律的な整理である。したがって、
IFAは顧客に対して、取引関係に基づく善管注意義務等のなんらかの義務を
負う関係には本来的にはない。

　しかし、金融商品取引法や金融商品の販売等に関する法律（金販法）、各
種監督指針等では、顧客保護の観点から、実際には顧客との間で直接の契約
関係をもたないIFAに対しても、遵守すべき最低基準として、誠実公正義務
や適合性原則等の包括的な行為規制や、開示義務等の個別具体的な行為規制
が定められている（**図表 4 - 3**）。

6　このようなデメリットに対する問題意識が、後述する「金融サービス仲介業」の新設
　につながる。

たとえば、適合性原則については、金融商品取引業者に対して定められている条項が、金融商品仲介業者たるIFAに対しても準用されており、本来的には「顧客」への営業に該当しないような金融商品仲介行為の場面においても、十分な顧客保護が図られている。

　一方、証券会社の社員と同様に、金融商品の回転売買の慫慂等、顧客の利益を損なうことで、自らの手数料収入を増やそうとするインセンティブをもつにもかかわらず、IFAに対しては、利益相反管理体制の整備を義務づける条項は準用されていない[7]。

　この点、金融庁が2017年3月に公表した「顧客本位の業務運営の原則」で

図表4-3　IFA（金融商品仲介業者）に課せられる行為規制

	金融商品取引業者 （販売会社）	金融商品 仲介業者	生命保険会社・ 募集人	投資助言・ 運用業者
誠実公正義務	○ （金商法36Ⅰ）	○ （金商法66-7）	—	○ （金商法36Ⅰ）
適合性原則	○ （金商法40①）	○ （金商法66-15）	—	○ （金商法40①）
利益相反管理体制	○ （金商法36Ⅱ）	—	○（保険業法100 -2-2）	—
開示義務（説明義務）	○ （金商法37-3、 15Ⅱ、金販法3）	○ （金商法15Ⅱ、 金販法3）	○ （保険業法294、 金販法3）	○ （金商法37-3）
忠実義務・善管注意義務				○ （金商法41、42）
勧誘方針の策定・公表	○ （金販法9）	○ （金販法9）	○ （金販法9）	—

（出所）　金融庁・金融審議会「市場ワーキング・グループ」（第26回）資料より筆者作成 **8**

7　なお、金融商品仲介業者は金融商品取引業者等から委託を受ける立場であり、顧客に対して善管注意義務を負うことになる活動は想定されておらず、金融商品取引法等においても、金融商品仲介業者に善管注意義務を課す規定は存在しない。ただし、金融商品取引業者等のための仲介行為をする過程で、顧客から最適な商品を紹介してほしいと頼まれ、それに応ずる旨の合意が顧客との間で成立したり、複数の金融商品取引業者等から委託を受けている金融商品仲介業者が、顧客から最も有利な証券会社を紹介してほしいと依頼され、その依頼に応ずる旨の合意が成立したりする場合等には、金融商品仲介業者が当該顧客に対し、誠実公正義務を超えて、善管注意義務をも負うとする学説がある。

は、「利益相反の適切な管理」も原則の1つとして定められており、同原則を採択し、利益相反管理についても自主的に取り組む姿勢を示すIFAも少しずつ増えてきている。

　ただ、顧客本位の業務運営はまだ道半ばという問題意識も業界内では強いことから、米国での「最善の顧客利益」規制に関する取組みも横目にみながら、IFAを含む金融事業者への行為規制や「顧客本位の業務運営の原則」の実効性を強化する検討が当局において進められており、今後の議論の行方が注目される[9]。

(7)　業界団体等による自主規制

　委託金融商品取引業者等への「所属制」のもと、IFAに対しては所属する金融商品取引業者等から指導・監督等が行われるが、これら委託金融商品取引業者等は金融商品取引業協会に加盟することを義務づけられていることから、当該金融商品取引業協会の自主規制規則による監督にIFAも服することになる[10]。

　具体的には、日本証券業協会は、加盟する第一種金融商品取引業者の「金融商品仲介業に係る業務の委託に関し、金融商品仲介業者に遵守させるべき事項等を定め、協会員が指導および監督することを通じて当該金融商品仲介業者における適正な業務運営を図り、投資者保護に資すること」を目的とし、「金融商品仲介業者に関する規則」を定めている。

　一方、投資運用業者および投資助言・代理業者も、投資一任契約または投

8　金販法（金融商品の販売等に関する法律）は、2020年6月5日に成立した「金融サービスの利用者の利便の向上及び保護を図るための金融商品の販売等に関する法律等の一部を改正する法律」により、「金融サービスの提供に関する法律」に改称される予定である。

9　2020年8月5日に公表された「金融審議会　市場ワーキング・グループ報告書」における提言をふまえ、2020年9月25日に「顧客本位の業務運営に関する原則」の改訂案が公表された。

10　金融商品取引法（66条の4）で、金融商品仲介業者の登録拒否要件として、「登録申請者の所属金融商品取引業者等のいずれかが協会（認可金融商品取引業協会又は認定金融商品取引業協会）に加入していない者」が定められている。

資顧問契約の締結の媒介業務をIFAに委託しうるため、それら金融商品取引業者が加盟する日本投資顧問業協会においても、所属金融商品取引業者を通じたIFAの監督・指導等を行う仕組みが講じられるべきであるが、同協会の「代理・媒介業者への契約締結業務の委託に関する自主規制基準」では、「代理・媒介業者」に金融商品仲介業者は含まれておらず、現時点ではIFAに対する監督・指導等を定める内容になっていない[11,12]。

なお、金融商品取引法で自主規制機関として定められている金融商品取引業協会については、金融商品取引業者を会員とするもののみと定められており、IFAを会員とする自主規制機関は現時点では存在しない。

この点、初のIFAの業界団体として、一部のIFA法人事業者が主導するかたちで、「一般社団法人ファイナンシャル・アドバイザー協会」が2020年春に設立されたが、将来的には自主規制機関的役割を担うことも目指すといわれており、その活動が注目されている。

11　日本投資顧問業協会の「代理・媒介業者への契約締結業務の委託に関する自主規制基準」の第2条において、「代理・媒介業者」は「金商法第29条又は第33条の2の規定に基づく登録を受けて金商法第28条第3項に規定する投資助言・代理業を行う者のうち、代理・媒介業を行う者をいう」と定められており、金融商品仲介業者は対象となっていない。

12　2020年7月に金融庁が「金融商品仲介業者の所属先である金融商品取引業者が第二種金融商品取引業や投資助言・代理業の登録も受けている場合には、当該業務についても金融商品仲介業者への委託が可能である」との整理を示したことにより、投資信託協会や第二種金融商品取引業協会、日本投資顧問業協会といった自主規制機関で関連規則が定められることが予想される。

2 わが国IFA業界の概観

本節では、他の資産運用アドバイスの担い手とのすみ分けや過去これまで
の業界の歴史、現在の業界規模、業界を構成する主要プレーヤー等の整理を
通じ、わが国のIFA業界を概観する。

(1) 多様な資産運用アドバイスの担い手とIFA

金融商品取引業者等から独立した立場で、個人投資家向けに資産運用アド
バイスを提供する担い手としては、IFA以外にも、ファイナンシャル・プラ
ンナーや生命保険代理店、税理士・会計士、投資助言・代理業者等、さまざ
まな業態が存在する（**図表4－4**）。

しかし、民間資格を取得して活動することが多いファイナンシャル・プラ
ンナーをはじめ、金融商品取引業者もしくは仲介業者としての登録に基づか

図表4－4　顧客の側に立った資産運用アドバイスを提供しうる担い手

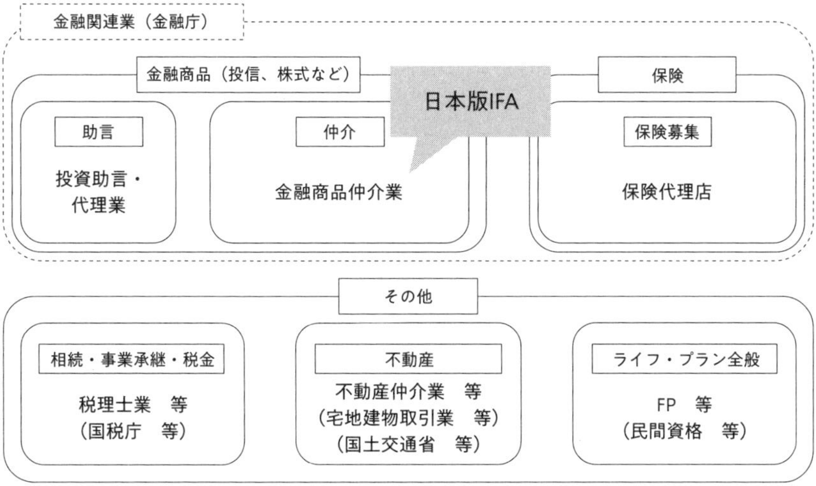

（出所）　金融庁・金融審議会「市場ワーキング・グループ」（第22回）資料より筆者作成

ない業態の場合、個別の金融商品について助言等のサービスを提供すること
は認められておらず、一般的なアドバイスをすることができるにとどまると
いう限界がある。

　したがって、金融商品を運用・販売する金融機関に対して中立的に対峙
し、顧客の側に立ちつつ、個別の金融商品に関する助言等まで踏み込んだ資
産運用アドバイスを提供することができる主体としては、IFAもしくは投資
助言・代理業者のいずれかになるというのが現状である。

　ただ、顧客の側に立ちうるといいながらも、実際には委託金融商品取引業
者等のために営業を行うIFAの立ち位置に対する問題意識から、米国のRIA
のように、顧客との直接の契約関係に基づき、顧客のためにサービスを提供
する投資助言・代理業者を業態として選択する事業者も存在するが、その数
は多くない[13]。

（2）　IFA業界の成立ちと現在の業界規模

　日本におけるIFA業界の成立ちは、2003年の証券取引法改正により、証券
仲介業制度が新設され、2004年4月から導入されたことにさかのぼる。

　この証券仲介業制度の導入の背景には、証券市場の改革を促進するために
は、証券会社の販売チャネル機能を拡充し、多様な投資家の幅広い市場参加
を促進する必要があるという金融当局の問題意識があった。

　2002年12月に公表された金融庁・金融審議会の「市場仲介者のあり方に関
するワーキング・グループ」の報告書では、「証券代理店（仮称）制度」と
いう表現が用いられていたが、証券会社への「所属制」の枠組みを前提とす
るなど、現在の金融商品仲介業の枠組みは当時から変わらずに引き継がれて
いる。

13　なお、米国のRIAが顧客に提供している資産運用サービスのほとんど（受託残高ベー
　　スで91.4％（2019年時点／Investment Adviser Association統計より））は、投資助言
　　ではなく、投資一任サービスであり、その意味で、米国RIAは日本における投資助言・
　　代理業者ではなく、投資運用業者に近い存在であることには注意が必要である。

図表 4 - 5　IFA（金融商品取引業者）の登録数推移

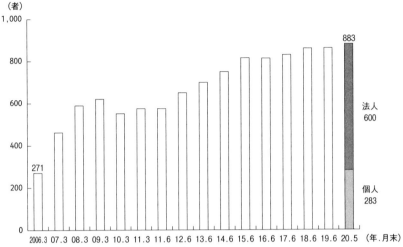

（注）　2007年3月末までは、証券仲介業者の登録数。
（出所）　金融庁公表データより筆者作成

　証券仲介業制度の導入から15年以上が経過し、IFAの数は、法人事業者と個人事業者をあわせて、3倍以上に増加する等、堅調に増加しており、個人投資家が金融商品を用いた資産運用を行う際のチャネルとして、存在感は高まりつつあるといえる（**図表 4 - 5**）。

　この背景には、柔軟な働き方を志向する証券会社社員やより踏み込んだサービスを提供したいと考えるファイナンシャル・プランナーや税理士・会計士が増えているということに加え、そうした動きをIFA事業プラットフォーマーとして支え、新たな顧客チャネルとして囲い込みたい金融商品取引業者等の戦略があると考えられる。

　また、中小規模の証券会社が、システムやコンプライアンス関連コスト等、重い固定費用を抑制しつつ、その顧客基盤に対して、より柔軟な資産運用サービスを提供し、収益性を高めるために、IFAへと業態転換を決断する例もみられる。

　資産運用アドバイスの担い手として、IFAが存在感を大きくしつつあるこ

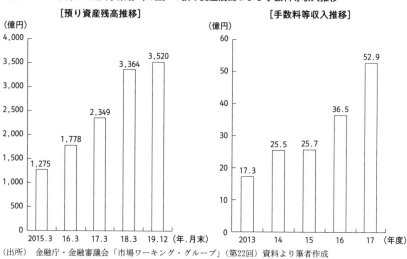

図表 4 − 6　大手IFA法人事業者（10社）の預り資産残高および手数料等収入推移

［預り資産残高推移］

（億円）

4,000

3,500

3,000

2,500

2,000

1,500

1,000

500

0

1,275　1,778　2,349　3,364　3,520

2015.3　16.3　17.3　18.3　19.12（年.月末）

［手数料等収入推移］

（億円）

60

50

40

30

20

10

0

17.3　25.5　25.7　36.5　52.9

2013　14　15　16　17（年度）

（出所）　金融庁・金融審議会「市場ワーキング・グループ」（第22回）資料より筆者作成

とは、その事業者数の増加だけではなく、IFAの預り資産残高や手数料収入等、個人投資家の利用状況を示すデータからも推察することができる。

　図表4−6は、預り資産残高が大きい大手IFA法人事業者10社に絞ったデータであり、業界全体の規模感を示すものではないが、資産運用アドバイスの担い手として、個人投資家から選択される機会が増えていることがうかがわれる。

　一方、IFA業界の規模を、その単体での成長性ではなく、証券業界との比較感で概観すると、残念ながらまだその存在は大きくないといわざるをえない。

　図表4−7のとおり、IFA法人事業者に所属する登録外務員数は、仲介業制度開始当初から9倍以上になる等、これまで堅調に増加傾向にはあるものの、証券会社の登録外務員数の5％程度にすぎない。

　また、100社の所属IFAを抱えるIFA事業プラットフォーマー大手である楽天証券の公表データ（2019年12月末時点）をみても、楽天証券全体の顧客口座数が約376万口座、預り資産残高が6.9兆円であるのに対し、所属IFA経由の顧客口座数は約4.0万口座（約1.1％）、預り資産残高は約4,912億円（約

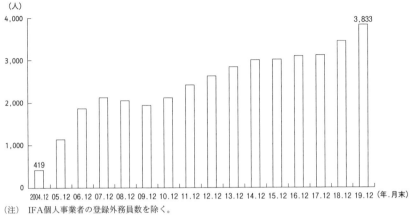

図表 4 - 7 IFA法人事業者の登録外務員数の推移

（注） IFA個人事業者の登録外務員数を除く。
（出所） 日本証券業協会データより筆者作成

7.1%）にとどまっている。

米国においては、独立系アドバイザーの営業員数および預り資産残高が、ともに証券業界全体の約40%を占めているとされ、資産運用アドバイスの担い手としての存在感を確立しているといえるが、日本のIFA業界はまだその状況には至っていない。

(3) IFAの営業状況

▶IFAの属性（法人・個人）

IFA（金融商品仲介業者）の登録数は、2020年5月末時点で883事業者であるが、このうち法人事業者数が600（約68.0%）、個人事業者数が283（約32.0%）という内訳になっている。約1年前の2019年4月末時点で、IFA全体では890事業者が登録されており、うち法人事業者数が579（約65.1%）、個人事業者数が311（約34.9%）であったことと比較すると、法人事業者数は増えているものの、個人事業者数は減っていることがわかる。

登録外務員数から推計されるIFA業界の就業者数が増えているにもかかわらず、比較的登録要件を満たすのが容易と思われる個人事業者数が減ってい

図表4－8　IFAの属性と所属金融商品取引業者（大手5社）　　　　　　　　　　（単位：者）

	2020年5月末			2019年4月末		
	法人	個人	合計	法人	個人	合計
エース証券	173	243	416	155	252	407
SBI証券	144	—	144	145	—	145
PWM日本証券	88	14	102	78	13	91
楽天証券	100	—	100	94	—	94
三菱UFJMS証券	72	6	78	74	7	81

（出所）　金融庁公表データより筆者作成

る一方、法人事業者数が増えている背景には、IFA事業プラットフォーマーである金融商品取引業者等が、委託先となるIFAの選別を厳しくし、結果的に個人事業者との業務委託契約を忌避する動きが足もと進んでいることがあると思われる。所属IFA数で最大手のIFA事業プラットフォーマーであるエース証券株式会社には、個人として登録する283事業者のうち243事業者（約85.9％）が所属しているが、他のプラットフォーマーが法人事業者重視の姿勢を強めるなか、同社の今後の経営戦略によっては、IFA業界の事業者属性の構成も変わってくることも予想される（**図表4－8**）。

▶IFAの地域別分布

　IFAが登録している本社所在地を分析すると、北海道から沖縄まで、財務局および財務支局が置かれているすべての管轄区域において、IFAが登録されていることがわかる（**図表4－9**）。

　特に、首都圏（関東管轄区）をはじめ、三大都市圏に本社を置くIFAの数は671であり、全体の75％超を占める。これは個人金融資産の大部分がこれら3大都市圏に偏在しているという状況にも合致しており、資産運用アドバイスを必要とする個人顧客と、そこで積みあがった個人金融資産に事業機会を見出すIFAそれぞれの理由から、こうしたIFAの地域別分布になっていることがうかがわれる[14]。

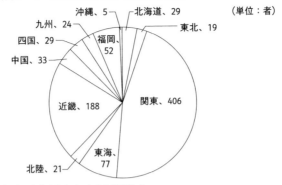

図表 4 - 9　IFAの本社所在地（2020年 5 月末）

（単位：者）

沖縄、5　北海道、29
九州、24
四国、29
中国、33
福岡、52
東北、19
近畿、188
関東、406
北陸、21
東海、77

（出所）　金融庁公表データより筆者作成

　ただし、このような首都圏以外でのIFAの地域別分布状況についても、最大手のIFA事業プラットフォーマーであるエース証券に所属するIFAの数に依存するところが大きく、個人事業者登録の割合の動向と同様に、今後の同社の経営戦略によっては、こうした状況が変わる可能性もある。

　たとえば、近畿区域で登録する188事業者のうち、大阪に本社を構えるエース証券に所属する事業者は116（約61.7％）にものぼり、この区域では同社IFA事業プラットフォームへの依存度が大きい。また、沖縄区域では、登録する 5 事業者すべてがエース証券の所属であり、この区域でIFAに業務を委託する金融商品取引業者等はほかにいない（**図表 4 - 10**）。

　IFAの登録管轄区域が必ずしも事業展開の実態を正確に示すわけではなく[15]、また、他のIFA事業プラットフォーマーが首都圏の事業者のみを重視していることでもないと思われるが、現時点ではこのような状況にあることを記しておきたい。

14　みずほ総合研究所「都道府県別の高齢化と個人金融資産の状況」では、全国の個人金融資産残高のうち三大都市圏が占める割合は約60％（うち首都圏が約35％、大阪圏（奈良県除く）が約14％、名古屋圏が約10％）と推計されている。

15　たとえば、東京で金融商品仲介業登録をしたIFAが大阪オフィスを構え、そこで営業を行っている等、IFA事業の展開や個人顧客の利用状況等は登録状況のみからは正確には読み取れない。

図表4－10　三大都市圏の委託金融商品取引業者（大手5社）別所属IFA数

（単位：者）

	関東	東海	近畿	3地域計	合計
エース証券	158	24	116	297	416
SBI証券	82	21	18	121	144
PWM日本証券	34	17	13	64	102
楽天証券	61	9	13	83	100
三菱UFJMS証券	51	6	17	74	78
合計	331 (43.8%)	72 (9.5%)	165 (21.9%)	568 (75.2%)	755 (100%)

（注）　登録数は2020年5月末時点。
（出所）　金融庁公表データより筆者作成

▶IFAの兼業状況

　わが国のIFA業界において、多くのIFAは金融商品仲介業のみを営んでいるわけではなく、個人顧客への資産運用アドバイスの提供に関連する他の業務についても、時には必要な登録や資格取得等を行い、営んでいることが一般的である。

　具体的には、顧客のライフプランニングを行ったり、それに基づく資産運用や保険商品を提案したりすることに親和性があるとして、ファイナンシャル・プランニング業務や保険代理店業務を兼業することが多いとされる。特に、生命保険代理店業務については、保険会社から支払われる業務委託手数料率が比較的高水準であることもあり、兼業しているIFAは多いように思われる（図表4－11、4－12）。

　なお、金融商品仲介業登録に加えて、投資運用業や投資助言・代理業の登録も行っているIFAは約2.0%にとどまっており[16]、より顧客本位の業務運営を行いやすい立場になることを目指し、証券外務員型アドバイザーからRIA（ハイブリッド型RIA含む）への業態転換が進む米国のような動きはみられない。日本の投資運用業や投資助言・代理業の登録要件は、米国のRIA登

---

[16]　886事業者のうち、投資助言・代理業登録をしているのは16者、投資運用業登録をしているのは4者、両方の登録をしているのはうち2者である（2020年3月末時点）。

図表4－11　IFAの兼業状況①（登録外務員が従事する金融商品仲介業務以外の業務／複数回答あり）

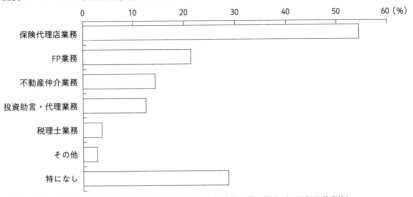

（注）　主要IFA法人事業者に所属する登録外務員112人から回答を得た調査（2019年7月実施）。
（出所）　QUICK資産運用研究所「IFAニーズ調査」より筆者作成

図表4－12　IFAの兼業状況②（IFA法人事業者の金融商品仲介業務外の収入源）

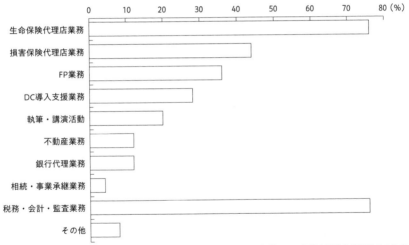

（注）　IFA法人事業者55社から回答を得た調査（2019年6月から7月実施）で、金融商品仲介業務以外から収入を得ていると回答した法人事業者に占める割合を示したもの。
（出所）　株式会社想研「金融商品仲介業務に関するアンケート2019」より筆者作成

録と比べて厳格であるといわれており、中小規模のIFAにとって難易度が高いという事情がこの背景にあると考えられる。

▶主要なIFA

　本項の最後に、わが国IFA業界で活動する主要な事業者として、預り資産残高や従業員数等で大手と認識されているIFAを簡単に概観する。

　一口にIFAといっても、

● 資本面（独立資本か、金融商品取引業者等の大手金融機関の子会社か）

● 創業経緯（創業者による起業か、証券会社からの業態転換か）

● 所属金融商品取引業者数（単一所属か、複数所属か）

● 兼業状況（金融商品仲介業のみか、他業も行っているか）

● アドバイザー雇用形態（正社員雇用か、業務委託契約か）

● 店舗展開（本店のみか、複数店舗展開を行っているか）

等の面で各社事業戦略は一様ではなく、業界全体として、さまざまなIFAの営業状況が存在するのが現状である。

　これは、次節「IFAのサービス内容と経営実態」で分析するように、それぞれのIFAが、何を本業とし、どんな商品・サービスを提供しているのか、その際に、所属金融商品取引業者との関係をいかに活用し、どのような独自の強みや付加価値を打ち出すのか等によっても、変わってくると思われる。

　一方、主要なIFAに共通することとして、創業者の出身もしくは事業母体が証券会社であることが多いということが観察されるが、金融商品仲介業者として、取り扱う商品・サービスが金融商品であるためであると考えられ、IFAに所属する登録外務員の多くが証券会社出身であるという調査結果とも整合するものである[17]。

(4)　その他関係プレーヤーの状況

　本項では、わが国のIFA業界を構成するプレーヤーとして、IFA以外の関係事業者や当局・業界団体等の役割や活動状況について、整理する。

---

[17]　QUICK資産運用研究所「IFA実態調査」（2018年9月実施）、「IFAニーズ調査」（2019年7月実施）より。

▶委託金融商品取引業者等

　IFAは、金融商品仲介業者として金融商品取引業者等から委託を受けて活動することに加え、「所属制」のもとで、その業務運営が適切に行われるように監督・指導等を受けることとされていることから、業界動向を観察するうえでは、委託金融商品取引業者等の状況を把握しておくことが重要となる。

　2020年5月末時点で、IFAの所属元として登録されている金融商品取引業者等としては、約40社が存在するが、その多くが第一種金融商品取引業者（証券会社）としての立場でIFAに業務委託を行っている。

　銀行・信託銀行が登録金融機関として所属元となる等、証券会社以外の金融機関が所属元となることもある。特にここ数年、FinTech企業を中心に、個人向け投資一任サービスを提供する投資運用業者が、IFAに投資一任契約の締結の媒介業務を委託するために所属元になるということが、新しい動きとして観察される。

　また、大手IFA事業プラットフォーマーである楽天証券のように、証券会社としてのみならず、投資運用業者として、個人顧客向けに投資一任サービスの提供を開始し、当該投資一任契約の締結の媒介業務をIFAに委託するということもみられ、委託金融商品取引業者等の業態の多様化が進んでいるように思われる。

　業態の多様化に加え、委託金融商品取引業者の数についても、高木証券を買収した東海東京証券や、マネックス証券やauカブコム証券といったオンライン証券等もIFA事業プラットフォーマーとしてIFA事業領域に参入する流れが足もと強まっているが、一方、過去にはSMBC日興証券がこの事業領域から撤退する等もあり、今後も新陳代謝が継続することが予想される。

▶資産運用会社

個人顧客に対してIFAが資産運用アドバイスを提供する際、金融商品として投資信託を提案することが多い等、IFAの業務運営において、資産運用会社の役割・存在は大きい。

一方、金融商品・サービスが投資信託である限り、資産運用会社が顧客への販売において契約関係にあるのは、販売会社となる金融商品取引業者等であり、IFAと直接コミュニケーションをとることは、スキーム上は想定されていない[18]。

ただ、既存の販売チャネルを通じた投資信託の販売が伸び悩むなか、資産運用アドバイスを伴う訴求力の強い新たな販売チャネルとしてIFAの存在に注目が集まっており、資産運用会社が主要なIFAに対し、勉強会実施やセミナー共催等を通じ、囲い込もうとする試みが散見されるようになっている。

今後は、資産運用会社が投資信託の提供のみならず、投資一任サービスの提供を通じ、より主体的にIFAと関係を構築する動きが強まることも予想される。

▶その他サービスプロバイダー

米国でみられるように、中小事業者が大半を占めるIFA業界が成長をするためには、委託金融商品取引業者等を中心に、コンプライアンス業務支援や事業運営効率化ツールの提供、人材紹介等、さまざまなサービスプロバイダーが、IFAの事業運営を支援するビジネスエコシステムの成熟が必要不可欠である。

足もと、IFA専門の人材紹介会社や、コンプライアンス業務支援会社、業

---

18 ただし、脚注12で述べたように、2020年7月に金融庁が「金融商品仲介業者の所属先である金融商品取引業者が第二種金融商品取引業や投資助言・代理業の登録も受けている場合には、当該業務についても金融商品仲介業者への委託が可能である」との整理を示したことにより、自主規制機関である投資信託協会で関連規則等が整備されるのを待って、投資運用業者が投資信託業務においてIFAと直接契約関係を有するようになり、ここで述べたような状況は変わることが予想される。

務支援ツールを提供するFinTech企業等も現れつつあるが、IFAの数が限られ、その多くが外部サービスの利用にコストを費やす余裕がないとされる状況において、サービスプロバイダー側が事業機会を十分に見出せる段階にはまだないように思われる。

　新しい金融サービス仲介制度の導入等によって、より多くのさまざまなIFAが参入する流れのなか、こうしたビジネスエコシステムの厚みが増していくことが期待される。

▶金 融 庁

　金融審議会「市場ワーキング・グループ」において、2019年4月と2020年3月の2回、主要IFA法人事業者が参考人として出席を求められ、IFAの営業活動の実態についてヒアリングが行われたほか、2019年7月には「独立系フィナンシャルアドバイザー（IFA）に関する調査研究」が同庁から公表されている。

　また、金融サービス仲介業の新設・導入についても、より多様な主体によるIFA事業参入を容易にするとともに、既存IFAの業容拡大に資する目的もあると考えられ、金融庁も、顧客の側に立ったアドバイスの担い手になりうる業態として、IFAの活動には強い関心と期待をもっているように感じられる。

▶業界団体

　金融商品取引法では金融商品仲介業者による自主規制機関は想定されていないこともあり、金融商品取引業協会のような自主規制機関的な役割を担う業界団体は、IFA業界には現時点で存在しない。

　ただ、2020年春に発足した「一般社団法人ファイナンシャル・アドバイザー協会」は、IFA法人事業者を会員とする初めての業界団体であり、IFAの認知度向上や業界の健全な発展を目的とし、将来的には自主規制機関的な役割を担うことも目指すとされており、今後その活動が注目される。

一方、IFAの営業において、金融商品取引業者等への「所属制」が前提となることから、それら金融商品取引業者の業界団体との連携や、その自主規制のための諸規則等の遵守も重要であることはいうまでもない。

　この点、すでにIFAの監督・指導等に関する自主規制諸規則を整備している日本証券業協会との連携強化が注目される一方、既述のとおり、その諸規則のなかで金融商品仲介業者との取引関係を想定していないと思われる日本投資顧問業協会においては、今後すみやかにその対応整備が進められることが期待される[19]。

---

[19]　脚注12で述べたように、2020年7月に金融庁が「金融商品仲介業者の所属先である金融商品取引業者が第二種金融商品取引業や投資助言・代理業の登録も受けている場合には、当該業務についても金融商品仲介業者への委託が可能である」との整理を示したことにより、投資信託協会や第二種金融商品取引業協会、日本投資顧問業協会といった他の自主規制機関においても、IFAへの業務委託等に関する規則整備が進められることが期待される。

3 IFAのサービス内容と経営実態

　IFAのサービス内容や経営実態等については、統計的なデータが十分に存在しないことに加え、各事業者によって、金融商品仲介業の位置づけや提供するサービス、事業モデル等も多様に異なると思われ、詳細な把握が困難である。

　本節では、IFAの一部を対象に実施された過去調査結果等を参照しつつ、可能な限り具体的に、その実態を明らかにすることを試みたい。

(1)　事業規模

　2019年4月に公表された金融庁「市場ワーキング・グループ」の事務局資料によると、大手IFA法人事業者の1社当りの事業規模は、預り資産残高の平均が約350億円、顧客口座数の平均が約3,600口座、所属外務員数の平均が約36人となっている（**図表4－13**）。

　ただし、これら数字が示す事業規模はあくまで大手IFA法人事業者のものであり、他の多くのIFA法人事業者や個人事業者の事業規模はもっと小さいであろうことは容易に想像できる。

　たとえば、QUICK資産運用研究所と株式会社想研がそれぞれIFA法人事

図表4－13　大手IFA法人事業者の事業規模

調査項目 （2018年12月時点）	10社合計	最大	最小
手数料等収入	約53億円	約20億円	約1.5億円
預り資産残高	約3,500億円	約1,000億円	約150億円
顧客数（口座数）	約36,000口座	約8,000口座	約80口座
所属外務員数	約360人	約140人	10人以下

（出所）　金融庁・金融審議会「市場ワーキング・グループ」（第22回）資料より筆者作成

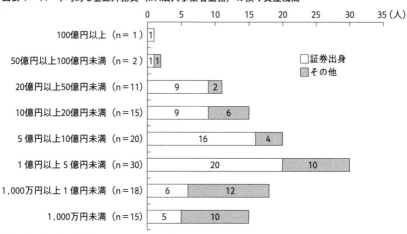

図表 4 −14　平均的な登録外務員（IFA法人事業者勤務）の預り資産残高

100億円以上（n＝ 1 ）	1
50億円以上100億円未満（n＝ 2 ）	1　1
20億円以上50億円未満（n＝11）	9　　2
10億円以上20億円未満（n＝15）	9　　6
5 億円以上10億円未満（n＝20）	16　　4
1 億円以上 5 億円未満（n＝30）	20　　10
1,000万円以上 1 億円未満（n＝18）	6　　12
1,000万円未満（n＝15）	5　　10

□証券出身
■その他

（注）　主要IFA法人事業者に所属する登録外務員112人から回答を得た調査（2019年 7 月実施）。
（出所）　QUICK資産運用研究所「IFAニーズ調査」より筆者作成

業者を対象としたアンケート調査から推計（**図表 4 −14**）すると、平均的な
IFA法人事業者の事業規模は、所属外務員は約10名、顧客口座数は300口座、
預り資産残高は約30億円というイメージが浮かび上がってくる（所属外務員
1 人の顧客口座数は30口座（中央値）、預り残高は約 3 億円（中央値））。

　また、これはある程度の事業規模のIFA法人事業者を対象とした調査結果
であり、ここに小規模法人事業者や個人事業者まで含めると、さらに規模は
小さくなる[20]。

　業界全体として概観した場合、ほとんどのIFAは、法人事業者であって
も、数人程度の登録外務員が所属し、非常に小さな規模で営業している実態
がうかがわれる（**図表 4 −15、 4 −16**）。

---

[20]　QUICK資産運用研究所が2018年11月に小規模IFA法人事業者や個人事業者も対象に
　　含めて実施したアンケート調査によると、登録外務員 1 人の預り資産残高の中央値は約
　　 1 億円となり、さらに事業規模は小さいことがわかる。

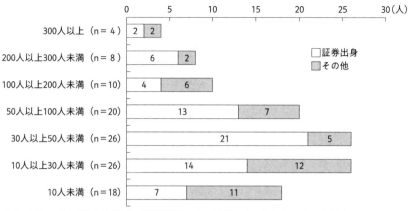

図表 4 − 15　平均的なIFA法人事業者の事業規模（顧客数）

（注）　主要IFA法人事業者に所属する登録外務員112人から回答を得た調査（2019年 7 月実施）。
（出所）　QUICK資産運用研究所「IFAニーズ調査」より筆者作成

図表 4 − 16　平均的なIFA法人事業者の登録外務員数

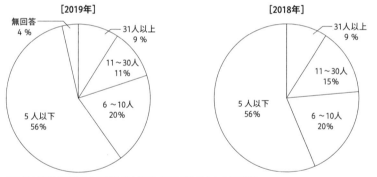

（注）　IFA法人事業者55社から回答を得た調査（2019年 6 月から 7 月実施）。
（出所）　株式会社想研「金融商品仲介業務に関するアンケート2019」より筆者作成

(2)　事業成長性

　資産運用アドバイス提供の担い手としてのIFAの存在感が高まっているということは、単にその数や就業者が増えているだけではなく、個人投資家の利用が広がっている、つまりIFA観点からいうと、事業が成長しているということである。

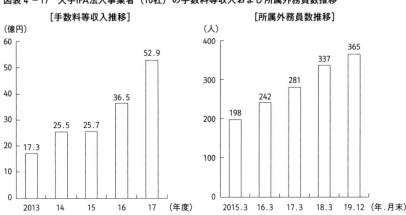

図表4 −17　大手IFA法人事業者（10社）の手数料等収入および所属外務員数推移

［手数料等収入推移］　　　　　　　　　　　　［所属外務員数推移］

（出所）　金融庁・金融審議会「市場ワーキング・グループ」（第22回）資料より筆者作成

　図表4 −17は、前項同様に金融庁「市場ワーキング・グループ」の事務局
資料から抜粋した、大手IFA法人事業者10社の手数料等収入および所属外務
員数の推移である。

　金融商品仲介行為に対する対価以外の手数料収入も含まれるが、過去4年
間で3倍程度まで収入を増やしていることが示されている。また、所属外務
員数も約2倍にまで増加しており、これだけの雇用増を可能にする事業利益
の成長も実現していることがわかる。

　IFAの事業成長は、このような大手IFA法人事業者だけではなく、一定程
度の規模のIFA法人事業者も同様に、過去数年は堅調に事業を成長させてい
るようである。

　図表4 −18は、全国のIFA法人事業者にアンケート調査をした結果である
が、事業成長の程度の差こそばらつきはあるものの、顧客数や預り資産残高
といったIFA事業の主要業績指標において、約80％の事業者が成長を達成し
た旨の回答をしている。

　小規模のIFA法人事業者や個人事業者の事業成長については、こうしたア
ンケート調査の対象外であることが多く、その実態を正確に把握することは

図表 4 −18　IFA法人事業者の主要業績指標の変化

[2019年 3 月（2018年 3 月比）]

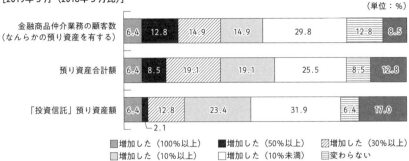

（単位：％）

金融商品仲介業務の顧客数（なんらかの預り資産を有する）	6.4	12.8	14.9	14.9	29.8	12.8	8.5
預り資産合計額	6.4	8.5	19.1	19.1	25.5	8.5	12.8
「投資信託」預り資産額	6.4	12.8	23.4	31.9		6.4	17.0

2.1

■増加した（100％以上）　■増加した（50％以上）　▨増加した（30％以上）
□増加した（10％以上）　□増加した（10％未満）　▤変わらない
■減少した

[参考] 2018年 3 月（2017年 3 月比）

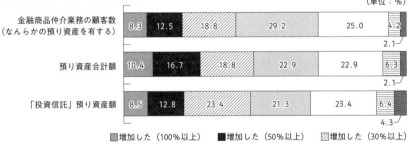

（単位：％）

金融商品仲介業務の顧客数（なんらかの預り資産を有する）	8.3	12.5	18.8	29.2	25.0	4.2	
預り資産合計額	10.4	16.7	18.8	22.9	22.9	6.3	
「投資信託」預り資産額	8.5	12.8	23.4	21.3	23.4	6.4	

2.1
2.1
4.3

■増加した（100％以上）　■増加した（50％以上）　▨増加した（30％以上）
□増加した（10％以上）　□増加した（10％未満）　▤変わらない
■減少した

（注）　IFA法人事業者55社から回答を得た調査（2018年 6 月から 7 月および2019年 6 月から 7 月実施）。
（出所）　株式会社想研「金融商品仲介業務に関するアンケート2018」「同2019」より筆者作成

困難であるが、委託金融商品取引業者等のヒアリングから推察するに、おおむね同様に過去数年間は堅調に事業を伸ばしているところが多いと考えてよさそうである。

(3)　顧客属性

　IFAの顧客属性を分析すると、預り資産残高の大きさが得られる手数料額に影響することもあり、比較的年齢層は高めであるという調査結果がみられる。

これは収益性を重視するIFAの事情もさることながら、資産運用アドバイスを必要とするのは、結婚や育児等のライフイベントを経て、老後資金の備え等を気にし始める年代以降が中心になるという顧客の側の事情もあると思われる。

図表4-19　IFA法人事業者の顧客年齢層分析

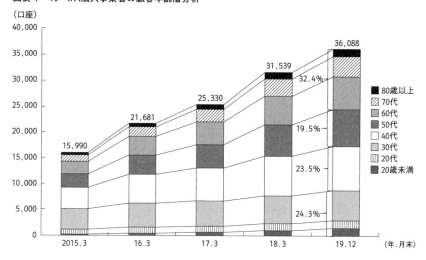

[最も多い年代層]

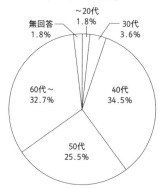

（注）　想研データについては、IFA法人事業者55社から回答を得た調査（2019年6月から7月実施）。
（出所）　金融庁・金融審議会「市場ワーキング・グループ」（第22回）資料、株式会社想研「金融商品仲介業務に関するアンケート2019」より筆者作成

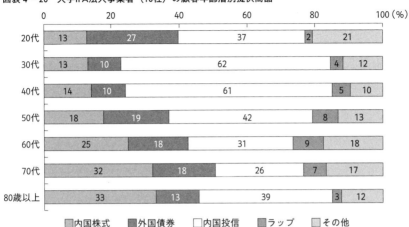

図表4－20　大手IFA法人事業者（10社）の顧客年齢層別提供商品

	内国株式	外国債券	内国投信	ラップ	その他
20代	13	27	37	2	21
30代	13	10	62	4	12
40代	14	10	61	5	10
50代	18	19	42	8	13
60代	25	18	31	9	18
70代	32	18	26	7	17
80歳以上	33	13	39	3	12

（出所）　金融庁・金融審議会「市場ワーキング・グループ」（第22回）資料より筆者作成

　大手IFA法人事業者の顧客年齢層をみると、各年代で大きな偏りなく増加傾向にあるものの、40歳代および50歳代の現役世代と60歳代以上の退職者世代がIFAのサービスを利用する中心であることがわかる。大手事業者以外も含むより幅広な調査の結果でも、同様に40歳代を中心にシニア層の利用が多い傾向がみられる（**図表4－19**）。

　ただし、IFAの事業戦略や提供サービスによっては、この顧客の年齢層分布は異なることも確認されており、たとえば、大手IFA法人事業者10社のなかでも、60歳代以上の退職者世代の顧客が約60％を占める事業者もいれば、逆に40歳代以下の資産形成世代の顧客が約80％を占める事業者も存在する。

　顧客に提供される金融商品が年齢層によって異なる傾向も一方で観察されており、株式や債券の販売を重視するのか、積立を含む投資信託の提案を重視するのか等、事業戦略によって、結果的に顧客年齢層分布に影響が出ている可能性も考えられる（**図表4－20**）。

（4）　収益構造（他業態との兼業）

　前節内「IFAの兼業状況」でも触れたとおり、IFAの多くは、金融商品仲介業者として営業しつつも、保険代理店業務等の他業務も営み、収入源としているのが一般的である。

　また、その他業収入への依存度については、**図表4 −21**のとおり、金融商品仲介業務収入のみで営業している事業者はごく一部であり、半数以上のIFAが、その収入の過半を金融商品仲介業務以外の業務から得ているというアンケート調査結果も存在する。

　金融商品仲介業務以外では、保険代理店業務からの収入が代表的な兼業収入であり、そのほかにもFP業務や不動産仲介業務等を営んでいるところも少なくない（**図表4 −11**）。

　保険代理店業務を兼営している理由としては、金融商品仲介業以上の収益性が見込まれることや、長期・積立の投資信託販売は、顧客本位と思われるものの、短期的には収入が大きく期待できないこと等があげられる[21]。

図表4 −21　IFAの収益構造①（営業収益に占める金融商品仲介業務収入の割合）

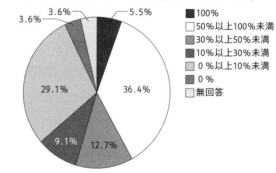

　（注）　IFA法人事業者55社から回答を得た調査（2019年6月から7月実施）。
　（出所）　株式会社想研「金融商品仲介業務に関するアンケート2019」より筆者作成

21　保険代理店業務からの収入への依存度が大きい他の理由としては、「証券外務員が少ないため」「保険会社の代理店評価制度の影響が大きいため」「IFAとしての営業スタイルが確立していないため」「金融商品仲介業務の業務実績が短いため」「コンプライアンス対応の負担が大きいため」「販売支援ツールが不足しているため」等がある（株式会社想研「金融商品仲介業務に関するアンケート2019」より）。

一方、同じ金融商品仲介業務から得られる収入であっても、株式売買の仲介等に伴うコミッション収入ではなく、投信等の預り資産残高に比例するフィー収入のほうが、顧客本位の観点から、より望ましいというフィー重視の考えが日本でも広がりつつあるように感じられるが、IFAの収益構造の実態としては、まだまだコミッション収入への依存度が大きいといわざるをえない（**図表 4 - 22**）。

　収入の過半をコミッションで稼ぐ証券会社の営業担当出身者が多いこともあるが、IFA業界全体として、預り資産残高に応じたフィー収入が中心といえるにはほど遠い状況にある。

図表 4 - 22　IFAの収益構造②（アドバイザーの経歴別の主要収益源）

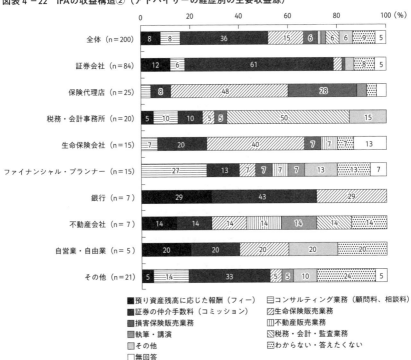

（注）　IFA法人事業者に所属もしくはIFA個人事業者としてIFA業務に従事している200人に対する調査（2018年9月実施）。なお、「経歴別」には直前の経歴に加え、現在も携わっているものも含む。
（出所）　QUICK資産運用研究所「IFA実態調査」より筆者作成

ただし、同じ調査では、約半数のアドバイザーが、「今後注力したい分野」として、「預り資産残高に応じた報酬（フィー）」を選択しており、安定的な収入源の確保にも資するフィー収入中心の収益構造への移行は重要な課題として認識されていることもうかがわれ、今後の動向が注目される。

(5)　提供商品・サービス

　顧客に提供する商品・サービスとしては、証券会社出身のアドバイザーは国内株式の販売提案が中心となることが多いようではあるが、全体的に投資信託が主要な提案内容になるという傾向が観察される。この傾向は、大手IFA法人事業者のみならず、個人事業者を含む一般的なIFAを通じて、共通しているように見受けられる（**図表 4 − 23**）。

図表 4 − 23　IFAの提案商品種類（経歴別）

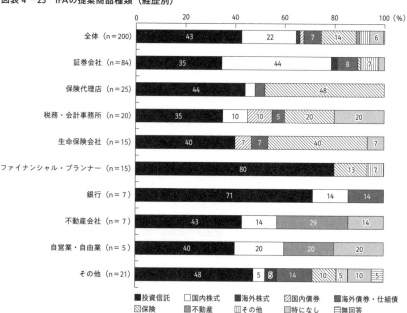

（注）　IFA法人事業者に所属もしくはIFA個人事業者としてIFA業務に従事している200人に対する調査（2018年 9 月実施）。なお、「経歴別」には直前の経歴に加え、現在も携わっているものも含む。
（出所）　QUICK資産運用研究所「IFA実態調査」より筆者作成

また、少しずつではあるが、ラップサービスの提案や預り資産残高に占める割合も増えつつあり、前項「(4)　収益構造（他業態との兼業）」で触れたように、預り資産残高に応じたフィー収入を重視する姿勢が、実際の営業行動にも表れつつあると解釈することができる。

　ただ、投資信託商品が提案や預り資産の中心になる一方で、収入面ではまだ売買に伴うコミッション収入が最も大きな割合を占めるという状況も事実として存在する。

　所属金融商品取引業者等から得られる投資信託の事務代行手数料の配分が事業として十分ではない水準にとどまる、もしくは、同じ顧客に対して、投資信託の売買提案を頻繁に繰り返すことにより、売買に伴うコミッション収入を重視するという要因が背景にある可能性が考えられる。

(6)　営業戦略

　大手金融機関とは異なり、顧客からの認知や信頼感も乏しいIFAにとって、いかに新規顧客を開拓し、そこから預り資産残高や収入を増やしていくかという営業戦略は、最重要の経営課題である。

　現状、最も重要な新規顧客の開拓手段としては、既存顧客からの紹介があり、自社セミナー等の開催からの個別相談や、金融商品仲介業以外の顧客からの取込み等がそれに続く主要な手段とされている。なお、従来の対面証券会社で行われているような飛び込み営業は一般的ではないようである（**図表4－24**）。

　顧客に対する商品提案については、会社として特定の商品を推奨することを指導するのではなく、所属金融商品取引業者等や資産運用会社等の情報を参考にしながら、個々のアドバイザーの判断に委ねるということが一般的であるようである（**図表4－25**）。

　IFA法人事業者の場合、会社としては個別の営業にこまごまと口を出すというよりも、自社セミナー開催や所属金融商品取引業者等との連携、提案商品の情報収集などを通じ、アドバイザーの営業活動をサポートするという営

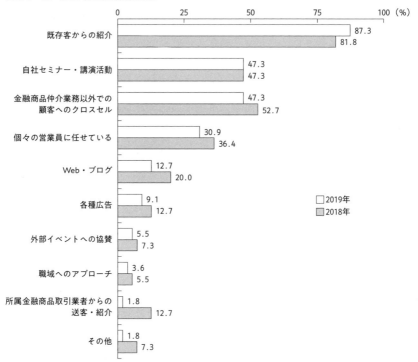

(注)　IFA法人事業者55社から回答を得た調査（2018年6月から7月および2019年6月から7月実施）。
(出所)　株式会社想研「金融商品仲介業務に関するアンケート2018」「同2019」より筆者作成

業状況が推察される。

　一方、IFA法人事業者向けアンケート調査からは、集客やセミナー用資料作成等で外部支援サービスを利用したいとの意見も多くみられ、アドバイザーの営業活動をサポートする会社としても、その効率的な運営には困難を感じているようすもうかがわれる[22]。

---

[22]　新規顧客開拓のためのセミナーについては、10人〜30人程度の中規模のものを、月1回から2回の頻度で開催するのが一般的なようである。

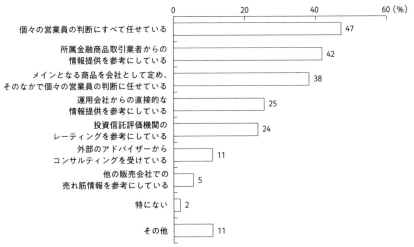

図表 4 − 25　IFAの投資信託商品戦略

	(%)
個々の営業員の判断にすべて任せている	47
所属金融商品取引業者からの情報提供を参考にしている	42
メインとなる商品を会社として定め、そのなかで個々の営業員の判断に任せている	38
運用会社からの直接的な情報提供を参考にしている	25
投資信託評価機関のレーティングを参考にしている	24
外部のアドバイザーからコンサルティングを受けている	11
他の販売会社での売れ筋情報を参考にしている	5
特にない	2
その他	11

（注）　IFA法人事業者55社から回答を得た調査（2019年6月から7月実施）。
（出所）　株式会社想研「金融商品仲介業務に関するアンケート2019」より筆者作成

（7）　組織・人員体制

　IFAにとって、顧客への商品・サービス提供の担い手という意味でも、金融商品仲介業収入の稼ぎ手という意味でも、重要な存在がアドバイザー（所属外務員）である。

　この所属外務員との契約形態については、IFA法人事業者の経営者目線では、正社員として雇用契約を締結するよりも、解雇や減給等が比較的容易な業務委託契約のほうがリスクが小さいことから、IFA法人事業者が所属外務員との間で業務委託契約を締結する形態を選好することが多いように見受けられる。

　大手IFA法人事業者10社の状況をみても、所属外務員を雇用契約に基づく正社員のみに限定する事業者は40%であり、残りの60%は業務委託契約のみもしくは両方の契約形態を使い分ける事業者である。また、外務員数で比較すると、正社員として所属する外務員は約30%、業務委託契約に基づいて活動する外務員は約70%である（**図表 4 − 26**）。

図表4-26　大手IFA法人事業者（10社）の所属外務員状況

項目	合計	割合
所属外務員との契約形態		
正社員（固定給）	4社	40.0%
業務委託社員（歩合給）	3社	30.0%
正社員・業務委託混在	3社	30.0%
契約形態別外務員数		
正社員（固定給）	110人	30.1%
業務委託社員（歩合給）	255人	69.9%
所属外務員の前職		
証券	238人	65.4%
保険	44人	12.1%
銀行	28人	7.7%
その他	54人	14.8%

（出所）金融庁・金融審議会「市場ワーキング・グループ」（第22回）資料より筆者作成

　所属外務員にとっては、業務委託契約のほうが解雇・減給等のリスクが高く、不利であるとも思われるが、一方で、業務委託契約に基づいて歩合給制度を選択することにより、成績次第で得られる報酬が多額になることも期待できることから、特に証券会社出身者を中心に、業務委託契約を積極的に選択する外務員も少なくないようである。

　ただ、業務委託契約に基づく外務員の雇用は、経営者にとってリスクは小さい一方、コンプライアンス教育・管理の徹底や経営理念の浸透、提案商品・サービス戦略の統一が困難であるなど、デメリットも少なからず存在する。

　また、顧客は担当する外務員と個別に信頼関係を築く傾向が強く、担当者が他のIFA法人事業者に移籍すると、自らの金融資産も一緒に移管してしまうことが多いため、営業成績の良い外務員の他事業者からの引き抜きも経営者にとって頭の痛い問題である。

このため、最近では大手IFA法人事業者を中心に、新たな付加価値の提供やフィーベースの収益構造への転換等を目指し、所属外務員との契約形態を雇用契約に限定したり、新卒社員を採用し、自社でゼロから育成することで、理念の浸透を図ったりという新たな取組みの広がりも観察される。

(8) 委託金融商品取引業者等との関係

第1節でも整理したとおり、IFAと委託金融商品取引業者等との関係は、証券会社の正社員のような雇用契約に基づく従属関係とは異なり、委託者と受託者という独立した主体間の業務委託契約に基づく対等な関係である。

ただ、金融商品取引法上の顧客保護の観点から、その関係の構築・運用には、さまざまな調整が加えられている。代表例としては、委託金融商品取引業者等はIFAに対して、適切な業務運営が行われるように指導し、仮に事故によって顧客に損害が生じた場合には、補てんをする責任を負わされる「所属制」がある。

さらに、実際のビジネスにおいては、委託金融商品取引業者等は、顧客向け取引提案・実行支援ツールの提供やセミナー開催支援、金融市場や商品等の説明資料の作成等、所属IFAに対するより積極的な営業支援も提供している。預り資産残高や取引量の大きい有力事業者の経営陣に対しては、定期的な海外研修旅行の企画等が行われている例もあるという。

一方、このように各種営業支援が提供されているとはいえ、必ずしも支援の内容や種類が一様に充実しているわけではなく、取扱商品の充実度合いや取引事務のサポート等の面でIFAが不満を抱え、他の金融商品取引業者等と新たに提携するという動きに出ることも少なからずある（**図表4-27**）。

IFA事業への関心の高まりを受け、今後新たな金融商品取引業者等が参入し、IFAの囲い込み競争が激化するとともに、顧客に最良のサービスを提供するために、複数の金融商品取引業者等を使い分けるという動きがIFA側で広がることが予想される。

それに伴い、金融商品取引業者等によるIFAへの営業支援の種類や内容も

図表 4 - 27　所属金融商品取引業者への期待と現状の満足度

[所属金融商品取引業者に対して期待すること]

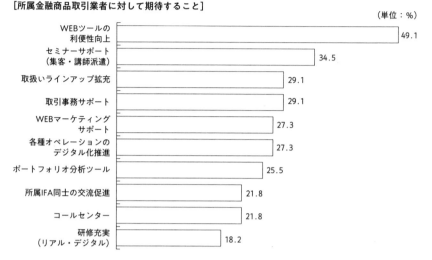

(単位：%)

- WEBツールの利便性向上 49.1
- セミナーサポート（集客・講師派遣） 34.5
- 取扱いラインアップ拡充 29.1
- 取引事務サポート 29.1
- WEBマーケティングサポート 27.3
- 各種オペレーションのデジタル化推進 27.3
- ポートフォリオ分析ツール 25.5
- 所属IFA同士の交流促進 21.8
- コールセンター 21.8
- 研修充実（リアル・デジタル） 18.2

[各項目の満足度]

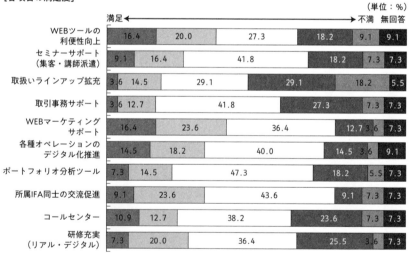

(単位：%)

満足 ← → 不満　無回答

	満足				不満	無回答
WEBツールの利便性向上	16.4	20.0	27.3	18.2	9.1	9.1
セミナーサポート（集客・講師派遣）	9.1	16.4	41.8	18.2	7.3	7.3
取扱いラインアップ拡充	3.6	14.5	29.1	29.1	18.2	5.5
取引事務サポート	3.6	12.7	41.8	27.3	7.3	7.3
WEBマーケティングサポート	16.4	23.6	36.4	12.7	3.6	7.3
各種オペレーションのデジタル化推進	14.5	18.2	40.0	14.5	3.6	9.1
ポートフォリオ分析ツール	7.3	14.5	47.3	18.2	5.5	7.3
所属IFA同士の交流促進	9.1	23.6	43.6	9.1	7.3	7.3
コールセンター	10.9	12.7	38.2	23.6	7.3	7.3
研修充実（リアル・デジタル）	7.3	20.0	36.4	25.5	3.6	7.3

(注)　IFA法人事業者55社から回答を得た調査（2019年6月から7月実施）。
(出所)　株式会社想研「金融商品仲介業務に関するアンケート2019」より筆者作成

よりいっそう充実していく可能性があり、最終的には顧客が享受するサービスの水準が向上することも期待される。

4 昨今の業界動向と今後の課題

　最終節となる本節では、IFA業界の昨今の動向やこれから業界が成長していくに際して克服すべき課題等について、筆者の私見も交えつつ、整理・考察する。

(1) 資産運用アドバイスに対する期待

　「資金移転（決済・送金）」「資金供与（融資）」「資産運用」「リスク移転（保険）」という4つの金融基本機能のうち、「資産運用」機能のみ、その機能をサービスとして利用する時点で、資金需要の時期が将来であることに加え、その資金額が日々変動し、確定しないというユニークな特徴をもっている。

　たとえば、決済や融資といったサービスは、現在の資金需要に対応するための「資金移転」「資金供与」機能を提供するものであり、その資金需要の時期のみならず金額も、サービス利用時点で基本的には確定している。また、「資産運用」と同様に将来の資金需要に備えるための機能である「リスク移転」についても、その代表である保険サービスは、資金需要時期が将来であっても、そこで得られる資金額はサービス利用時点で確定していることが一般的である。

　この点、資産運用サービスについては、将来の資金需要額を利用者自身も正確に把握することが困難であり、また、利用開始後もその期待資金額が日々変動し、必要な効用が十分に提供されるかどうかは、資金需要が現実化する将来時点まではわからない。このため、資産運用サービスは、単に投資運用の付加価値を提供するのみならず、利用開始時点にどのサービスをどのように利用すべきかというアドバイスや、将来まで継続的にアフターフォローを行うアドバイスの付加価値も、機能の特性として、本来的に必要とされていると考えられる（**図表4-28**）。

図表4－28　アフターフォローを本来的に必要とする「資産運用」機能

	資金需要の時期	需要金額の推計	商品等の時価
資金移転	現在	容易	確定
資金供与	現在	容易	確定
リスク移転	遠い将来	困難	確定
資産運用	遠い将来	困難	変動

(出所)　筆者作成

　特に、最近では、資産運用の手段が株や債券、投資信託、保険等多様にわたり、代表的な手段である投資信託の数も6,000本以上にものぼることに加え、年金保険やiDeCo（個人型確定拠出年金）、NISA（少額投資非課税制度）等の制度の種類も拡充されてきており、資産運用を行うに際して考慮しなければならない情報がどんどん増えてきている。

　金融に関する知識やそこに費やす時間に限界がある一般生活者にとって、なんのサポートもなく、自分だけで情報収集し、適切な判断を下すことは非常に困難な状況にあり、専門的なアドバイザーによるサポートの付加価値の重要性はよりいっそう高まってきている。

　また、2020年前半に発生した新型コロナウイルス感染拡大とそれを受けての金融市場の変動（「コロナショック」）も、資産運用アドバイスに対する需要増加につながることが予想される。

　資産運用アドバイス先進国である米国においても、特に過去10年で資産運用アドバイス業界の大きな成長と変容が観察されるが、その要因の1つとして、2010年前後にベビーブーマー世代が退職を迎え、老後資金に対する問題意識が社会的に高まったタイミングで、金融危機による激しい相場変動が発生したことを受け、一般生活者の資産運用アドバイスサービスに対する需要が顕在化したことがあると考えられる。

　日本でも、2019年半ばに金融庁・金融審議会が公表した報告書をきっかけに「老後2,000万円問題」が注目され、社会的に老後資金の備えに対する問題意識が高まったが、そのタイミングで新型コロナウイルス感染拡大による

激しい相場変動が発生したことは、約10年前の米国の状況と重なるところがあるように思われる。

「老後2,000万円問題」と「コロナショック」を経て、それぞれの後でIFAに対する相談等が大きく増加したことが報じられているが、2020年代は日本においても、資産運用アドバイスサービスの利用が広く普及することが予想される。

なお、資産運用アドバイスサービスの可能性を論じる際によく聞かれる意見として、「日本人は欧米人とは異なり、資産運用アドバイスに対価を払うカルチャーがない」ため、その普及可能性は期待できないというものがある。

個人顧客に対して、純粋に資産運用アドバイスの提供を行うことを生業としている投資助言業者やファイナンシャル・プランナーの数は限定的であり、その点だけ注目すると、たしかに資産運用アドバイスサービスを有償で利用する需要は大きくないように思われる。

ただ、実際には、資産運用アドバイスの付加価値はそれ単独で提供されるというよりも、投資運用の付加価値も提供する投資信託等の金融商品とともに提供されるものであり、その手数料体系のなかに資産運用アドバイスへの対価も含まれていることが多い。手数料のどの部分がアドバイス付加価値に対するものなのかわかりづらく、実際にアドバイスが適切に提供されているのか不明である等の問題はあるものの、アドバイス付加価値単独での利用が少ないことのみをもって、需要が小さいと結論づけるのは早計であるように思われる。

また、米国においても、調査会社Cerulli Associates社が2018年に実施した調査では、「資産運用アドバイスに喜んで対価を払う」と回答した米国人は53%であり、2009年の調査結果である38%から増加したものの、約半数にとどまっている[23]。

---

[23] "'Advice' is changing due to client awareness of fees", InvestmentNews（2019年4月4日）より。

すなわち、資産運用アドバイスが、サービスとしてもビジネスとしても、普及している米国においても、「資産運用アドバイスに対価を払うカルチャー」が根付いているとまでは言いがたい状況にある。

　資産運用アドバイスに対する個人顧客の潜在的な需要を顕在化させ、対価を伴うサービスとしての利用を増やすためには、カルチャーの有無にその秘訣を見出そうとするのではなく、サービスの充実や付加価値の可視化等、IFAをはじめとする金融機関側の取組みが重要になってくると考えられる。

(2)　加速するIFA事業への参入の動き

　利用者である個人顧客の資産運用アドバイスに対する潜在的な需要の高まりに加え、証券・資産運用業界における事業環境の変化もあり、既存の金融機関の側でも、IFA事業への参入等を通じ、資産運用アドバイスビジネスに注力する流れが観察される。

　2019年秋以降、大手オンライン証券が主導する形で、株式等売買委託手数料等の無料化が進んでいることに注目が集まっているが、2020年春には、ついに運用報酬が無料の投資信託も登場し、ブローカレッジおよびアセットマネジメント手数料を主な収入源とする従来型の証券・資産運用ビジネスから事業利潤が消失する動きが加速度的に進んでいる。

　もちろん、すべてのブローカレッジおよびアセットマネジメント手数料が無料になったわけではなく、証券・資産運用業界の事業利潤はまだ当面は残ると予想されるものの、期待される事業利潤の総量が減少していくのは不可避な流れであると思われ、金融機関の事業モデル転換に対する問題意識は非常に大きくなってきている。

　ここで、金融機関が新たなフロンティア事業領域として期待を寄せているのが、資産運用アドバイスビジネスである。

　情報通信技術の革新により、従来のブローカレッジやアセットマネジメント付加価値のコモディティ化が避けられず、そこでの事業利潤の確保が困難になる一方、アドバイザーと個人顧客の関係性に依存するところが大きい資

産運用アドバイスの付加価値は、コモディティ化に対する耐性が強いと考えられる。年格好が似ているアドバイザーが複数存在したとしても、「あなたでなければ」という関係性に基づく付加価値は、長期的に安定して残存することが期待される。

　従来のアセットアロケーション等の付加価値はそれほど大きくない一方、「コーチング」や「タックスマネジメント」「ゴール最適化」「積立・取崩しガイダンス」等の資産運用アドバイスについては、定量的に年率3％から4％の付加価値があるという分析レポートも米国大手運用会社等から公表されており、ここに新たな事業利潤の源泉があることの認識が金融機関の間でも広まりつつある[24]。

　一方、資産運用アドバイスビジネスに対する金融機関の関心の高まりを背景に、証券会社等の大手金融機関を中心に、地域銀行や保険会社・保険代理店、既存IFA、異業種など、個人顧客基盤を抱える対面アドバイザーチャネルを、金融商品仲介業スキームを活用し、IFAとして囲い込む動きも2019年後半から急速に進んでいる。

　これは、資産運用アドバイスの主要な担い手である対面アドバイザーチャネルの囲い込みこそが、この事業領域で競合に勝利し、大きく事業を成長させるための必要条件であるとの考えに基づくものであり、今後も大手金融機関によるこのような囲い込みの動きは進んでいくことが予想される。

　この囲い込みの動きに金融商品仲介業スキームが活用されているのは、大手金融機関側と対面アドバイザーチャネル側の双方にメリットが大きいためである。

　委託金融商品取引業者等の役割を担う大手金融機関側は、金融商品売買等に必要なシステムや事務等の一連の機能を、資産運用アドバイス事業のプラットフォームとして具備し、対面アドバイザーの役割を担う金融商品仲介業者に開放し、活用してもらうことによって、効率よく事業成長を期待する

24　「投資アドバイスの付加価値と対価のあり方を巡る議論」『野村資本市場クォータリー』2019年秋号。

ことができる。

　対面アドバイザーチャネルの側でも、金融商品の売買等に必要なシステム
や専門人員採用等の大掛かりなコストをかけることなく、顧客への資産運用
アドバイス付加価値の提供に集中することで、効率的に事業を運営すること
が可能となる。

　すでに対面アドバイザーチャネルの囲い込み競争は激化しつつあるが、こ
の過程で大手金融機関が資産運用アドバイス事業のプラットフォームとして
の機能を高めることにより、それを活用しようとする事業者が、IFAとして
資産運用アドバイスビジネスに参入してくる動きがこれまで以上に強まるこ
とが予想される。

　そのなかには、独立して自らIFA事業を立ち上げる既存証券会社の営業員
等に加え、中小規模の証券会社において、第一種金融商品取引業を廃業し、
金融商品仲介業者に転じる動きが増えてくることも考えられる。

　また、委託金融商品取引業者等と金融商品仲介業者の数が増え、資産運用
アドバイス事業領域が活性化するに伴い、その周辺分野でIFAの支援事業
等、関連する事業を営むプレーヤーの参入も増え、業界全体が今後厚みを増
していくことが期待される。

(3)　金融サービス仲介制度の新設

　2020年6月5日、金融商品の販売等に関する法律等を一部改正する「金融
サービスの利用者の利便の向上及び保護を図るための金融商品の販売等に関
する法律等の一部を改正する法律」が成立し、新たに「金融サービス仲介
業」が創設されることとなった（**図表 4 −29**）。

　これは、従来の金融商品仲介業と併存する業態であるが、個人顧客からの
資産運用アドバイスへの需要の高まりや金融機関側の事業モデル転換に対す
る問題意識等を背景にした「仲介」スキーム普及という大きな流れの表れで
あり、IFA業界への参入者を増加させるとともに、事業モデルやサービスモ
デルのさらなる広がりを後押しすることが期待される。

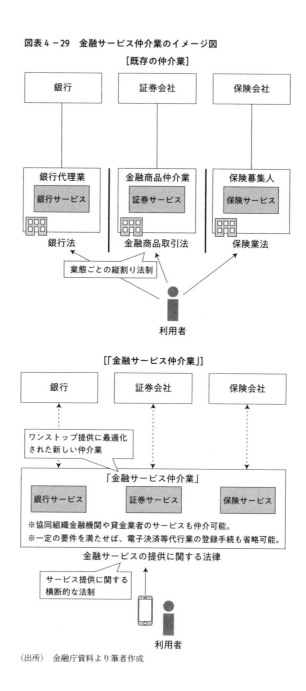

図表 4 −29　金融サービス仲介業のイメージ図

［既存の仲介業］

| 銀行 | 証券会社 | 保険会社 |

| 銀行代理業 | 金融商品仲介業 | 保険募集人 |
| 銀行サービス | 証券サービス | 保険サービス |

銀行法　　　　金融商品取引法　　保険業法

業態ごとの縦割り法制

利用者

［「金融サービス仲介業」］

| 銀行 | 証券会社 | 保険会社 |

ワンストップ提供に最適化
された新しい仲介業

「金融サービス仲介業」

| 銀行サービス | 証券サービス | 保険サービス |

※協同組織金融機関や貸金業者のサービスも仲介可能。
※一定の要件を満たせば、電子決済等代行業の登録手続も省略可能。

金融サービスの提供に関する法律

サービス提供に関する
横断的な法制

利用者

（出所）　金融庁資料より筆者作成

金融サービス仲介業の創設の背景として、社会環境の変化を受け、個人顧客が多様な商品・サービスから自らに適したものを選択することの重要性が高まっている一方、現時点では、銀行・証券・保険のすべてのサービスをワンストップで提供するIFAはごく少数にとどまっているとの問題意識が存在する。

　従来の金融法制下では、銀行・証券・保険の各業態における仲介業がそれぞれの業法で縦割りに規制されており、仲介事業者がすべての業態のサービスを取り扱おうとすると、複数の業登録を行わなければならない。また、金融商品仲介業を定める金融商品取引法と同様に、銀行法や保険業法においても、委託金融機関・保険会社等が仲介業者の事業運営を監督し、損害賠償責任も負う「所属制」が採用されており、仲介業者の側からすると、委託契約を結ぶ金融機関・保険会社等が増えると、それだけ対応の手間が増えるという煩雑さも存在する。

　複数の業態の仲介業を営む事業者が少数にとどまり、個人顧客の利便性が向上しないのは、こうした現行法制度の構造等に原因があるとする指摘を受け、新たな金融サービス仲介制度では、すべての業態の仲介業の登録を同時に行うことができるという横断的な対応が講じられている。また、「所属制」を採用せず、仲介業者が委託金融機関・保険会社等と対等な立場で事業を営み、指導・監督等の対応に係るコストを軽減できるような仕組みも導入されている。

　一方、「所属制」を採用しないため、制度利用の利便性が高まる反面、委託金融機関・保険会社等が損害賠償責任や仲介業者に対するコンプライアンス等の指導責任を担うことなく、仲介業者が自らの責任でそれらに対応する必要があり、新制度のこの部分は、顧客保護としては、従来の金融商品仲介業制度等と比べ、弱くならざるをえない。

　そのため、金融サービス仲介制度では、高度な説明を要する金融商品・サービスの取扱いを不可とする等、取扱商品・サービスの制限をかけたり、購入代金等の顧客財産の受入れを禁止したり、保証金の供託義務を定める

図表 4－30　金融サービス仲介業に係る顧客保護規制

［既存の仲介業］

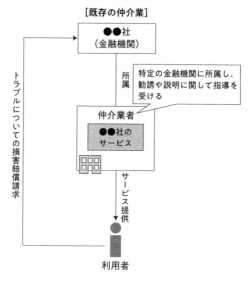

［「金融サービス仲介業」］

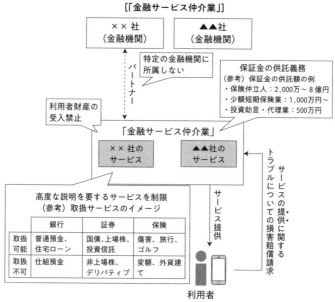

（出所）　金融庁資料より筆者作成

等、代替的な顧客保護措置が講じられている。

　また、銀行・証券・保険の各分野において、そこで提供される商品・サービスの特性に応じ、たとえば、証券分野でインサイダー情報を用いた勧誘の禁止が定められる等、個別の規制をかけることで、より実効的な顧客保護が図られるような仕組みとなっている（**図表4－30**）。

　どのような金融商品・サービスが取扱い可能になるのか、供託する保証金はどれだけの額が求められるのか等、具体的な制度運用については今後の政令制定を待つ必要があるが、金融商品・サービスの提供を伴う資産運用アドバイスの担い手や事業・サービスモデルの多様化を通じ、IFA業界の活性化につながることが期待される[25]。

(4)　IFA業界が成長するために克服すべき課題

　IFAが顧客から支持されるサービス提供者として定着し、IFA業界が成長するためには、大きく3つの課題を克服する必要があると考えられる。

　1つ目の課題は、IFAと個人顧客との間には利益相反のリスクが存在するということである。顧客の側に立ったアドバイザーという表現を用いても、法令や契約上の立ち位置は、金融商品取引業者等の委託を受けて、有価証券の売買の媒介等の仲介行為を当該金融商品取引業者等のために行う仲介業者であり、販売手数料等を原資とする業務委託報酬が営業収入となる。この利益相反リスクが顕在化すると、いかに中立性を標榜していても、販売手数料目的の回転売買等へとつながりかねない。

　2つ目は、IFAという存在に対する認知度の低さである。ブランドや信頼

25　事業モデルとしては、「例えば、スマートフォンのアプリケーションを通じ、自身の預金口座等の残高や収支を利用者が簡単に確認できるサービスを提供するとともに、そのサービスを通じて把握した利用者の資金ニーズや資産状況を基に、利用可能な融資の紹介や、個人のライフプランに適した金融サービスの比較・推奨等を行う」（金融庁・金融審議会「決済法制及び金融サービス仲介法制に関するワーキング・グループ報告」）等、オンラインのサービスプラットフォームを通じたものが主に想定されているようであるが、オフラインの仲介事業者が金融サービス仲介業を営むことも可能である。

感の欠如に加え、そもそもIFAが顧客にどのような付加価値を提供できるのか、証券会社等の営業員とどこが異なるのか等に関する共通認識が存在しない。そのため、IFA自身ですら、自らが顧客に提供すべきは何なのかを十分に理解しないままに、金融商品を販売することにだけ懸命になるということも散見される。

　3つ目は、IFA事業を支える金融商品その他プラットフォームの種類や数が十分に存在しないことである。IFA事業プラットフォームを営む金融商品取引業者は約40社存在するが、提供されている商品の種類や網羅性、システム等は各社でまちまちであり、IFAが最適なプラットフォームを使い分けるには十分ではない。たとえば、資産運用アドバイス提供を事業化するためのスキームの1つである投資一任（ラップ）サービスをIFA向けに提供しているプラットフォームはごく一部であり、IFAがもつ選択肢は限られている。一方、金融商品・サービス提供以外の事業支援についても、提供プラットフォームが十分に存在せず、効率的な事業運営には困難がまだ大きく残るのが実情である。IFAは、大掛かりな装置を必要とする証券会社等の金融機関に比べ、金融商品仲介というスキームを用いて、効率よく資産運用アドバイス事業を営む構造を有するものの、現時点ではその優位性を十分に生かしきれていない。

　これら課題の克服のためには、個々のIFAの活動だけでは不可能であり、委託金融商品取引業者等とも連携した業界横断的な取組みが必要不可欠である。

　まず、1つ目と2つ目の課題に対しては、IFAが顧客の側に立ったアドバイザーとしてどのようなアドバイス付加価値を提供することができるのか、そのためにはどのような倫理観をもち、どう行動すべきなのか等、業界全体として共通認識をもつことが必要と考えられる。IFAや委託金融商品取引業者の側でも、顧客の側でも、そうした共通認識が広がることで、IFAの特徴や優位性を生かす土壌が整うことになる。もちろん、認識共有のみならず、倫理・行動規範の遵守を自主規制的に担保する仕組みが講じられれば、より

実効的だろう。

　また、3つ目の課題に対しては、IFA事業立上げおよび運営を支援する業界横断的な事業支援基盤の構築が考えられる。現在は各事業者がばらばらに対応しているコンプライアンスや専門性の研鑽、マーケティング等の業務を外部に委託することができれば、それぞれのIFAがアドバイス付加価値提供に集中することができる。それは顧客体験価値の向上につながるばかりではなく、IFAの経営を効率的かつ容易にし、ひいては顧客本位の業務運営を間接的に支援することにもなる。

　2020年春、初の業界団体となる「一般社団法人ファイナンシャル・アドバイザー協会」が活動を開始したが、委託金融商品取引業者や、資産運用会社等のその他の関係金融機関とも連携することにより、上述のような諸課題を克服し、IFAが真に顧客本位のサービスを提供する担い手の1つとなるよう、業界横断的な取組みが進められることが期待される。

IFAとは何者か
──アドバイザーとプラットフォーマーのすべて

2020年12月10日　第1刷発行

著　者　大　原　啓　一
　　　　沼　田　優　子
　　　　野　尻　哲　史
発行者　加　藤　一　浩

〒160-8520　東京都新宿区南元町19
発　行　所　一般社団法人 金融財政事情研究会
企画・制作・販売　株式会社きんざい
出版部　TEL 03(3355)2251　FAX 03(3357)7416
販売受付　TEL 03(3358)2891　FAX 03(3358)0037
URL https://www.kinzai.jp/

校正：株式会社友人社／印刷：三松堂株式会社

・本書の内容の一部あるいは全部を無断で複写・複製・転訳載すること、および
　磁気または光記録媒体、コンピュータネットワーク上等へ入力することは、法
　律で認められた場合を除き、著作者および出版社の権利の侵害となります。
・落丁・乱丁本はお取替えいたします。定価はカバーに表示してあります。

ISBN978-4-322-13833-7